正者有道

管理·人生

沙生　编著

中国电力出版社
CHINA ELECTRIC POWER PRESS

图书在版编目（CIP）数据

正者有道：管理·人生 / 沙生编著. --北京：中国
电力出版社，2015.3（2019.9 重印）

ISBN 978-7-5123-6878-1

Ⅰ．①正… Ⅱ．①沙… Ⅲ．①自我管理—通俗
读物 ②成功心理—通俗读物 Ⅳ．①C912.1-49②B848.4

中国版本图书馆 CIP 数据核字（2014）第 284990 号

中国电力出版社出版、发行

（北京市东城区北京站西街 19 号　 100005　 http://www.cepp.sgcc.com.cn）

北京天宇星印刷厂印刷

各地新华书店经售

＊

2015 年 3 月第一版　　 2019 年 9 月北京第二次印刷

850 毫米×1168 毫米　 32 开本　 6 印张 119 千字

印数 3001—3500 册　 定价 **32.00** 元

内容提要

现今，管理学书籍可谓汗牛充栋，管理类培训也是风起云涌、异常活跃。管理似乎变成了企业追求最大利润最迫切的一种需要和法宝。诚然，管理出效益，通过管理能够帮助企业获得巨大成功，但绝不能仅仅把它变成急功近利的一个工具。其实，管理学中最重要的内容——领导力部分更讲究艺术性和实践性，所以才会有德鲁克所著管理学奠基之作《管理的实践》。

把西方的系统观、信息论、控制思想和新三论（耗散结构、协同学、自组织）以及模糊数学、统计规律、不可逆思维等观点融入到中国传统文化中，借助管理心理学、管理控制论、管理博弈论等方法理解和探讨中国人如何管理企业、如何管理自己。用7个段落（正者为王、理清思路、凝聚人心、找到招数、掌控尺度、贵人相助、高人点悟）从55个视角诠释管理和人生中的疑惑，回答管理中所遇到的问题。

本书可供企业领导和管理人员阅读，也可给有一定管理经验或需要有管理经验的朋友们参考。

中国古老的道家、儒家、法家等哲学思想,几千年来,深深影响着中国人的思想,中国人的管理(统治),中国人的一生。而西方的现代文明和科学理论知识对于人类的进步起到了催化和突变的作用。

让历史和现实相结合、东方和西方相结合、高端和低端相结合、理念与具体相结合;由此找到一条建立在实践基础上的管理和人生路径,形成人人自主管理,团队自组织的状态。推崇在自身努力的情况下,拥有战略定位和长远打算,并为此找到合适的密圈。理清管理的思路,明白过程和结果的关系,明确阶段性目标,为追求合适利润进行决策和控制。要获得成功最重要的是凝聚人心,得到相应人才,同时还要找到方法、找到招数,掌控、拿捏、把握好尺度,用平和的心态去应对面临的困难和挑战。

用哲学思想理解管理,用现代科学方法理解管理。把管理当艺术,把人生当艺术。追究一种超然的状态和平和的心态,以期获得长远的、战略的利益。管理和人生,都像是一幅水墨画,一首交响曲,一条历史长河,如行云流水,纷至沓来,又化为无形。有道是隐隐约约,犹抱琵琶半遮面的回眸;看透不说透,太极八卦,点到为止的智慧;回归自然,朴实无华,淡雅无为的状态。管理是心态,心态决定状态、决定高度、决定成功、决定命运。海边的人敬仰大海,供奉妈祖;山中的人畏惧高山,信奉山神;草原上的人,敬重狼,狼图腾。带着55个问题和由此引发的故事、案例,邀您一起在管理和人生中,出世随风梦中云游,入世留下浓墨重彩。

中西合璧,取长补短,"中西医结合",挖掘企业潜力,培育企业文化,延长企业寿命，使企业基业长青，精神长生不老。

本书在编写过程中得到了华能集团江苏分公司庞远彤总经理和南京工程学院江海教授的大力支持，在此表达诚挚的谢意。

限于作者水平，书中难免有疏漏或不当之处，恳请读者批评指正。

作者

2015 年 1 月

目录

前言

三、凝聚人心——企，无人则止

四、找到招数——从群众中集中起来又到群众中坚持下去，以形成正确的领导意见

五、掌控尺度——学会把握分寸、火候，防止"过犹不及"

六、贵人相助——公道世间唯白发，贵人头上不曾饶

七、高人点悟——古人于小学存养已熟，根基已深厚，到大学只
就上面点化出些精彩

一、正者为王

——大人者正己而物正

1. 站得高，看得远

居高临下，站得高，看得远，传得快。领导的高度决定了企业的高度；领导的深度，决定了企业的长度；领导的宽度决定了企业的跨度。什么样的领导带出什么样的企业，带出什么样的兵。有思想、有追求、有毅力；有系统思考、不断学习的能力；有处变不惊、平和豁达的心态。具有这些特质的领导，才能让企业做大、做强，给员工发展的空间，给企业光辉的前景。居高声自远，非是藉秋风。德行高洁，自然德高望重，声名远播。在俯视群山的时候，也被山峦所瞩目。老师看学生清楚，学生看老师也清楚，如万木丛中一点红，清清楚楚。

有远见，视野向外，努力地提前并准确地认知和判定事物未来发展趋势。丘吉尔说，如果一个人能往过去看多远，他就能往未来看多远。"善言古者，心验于今"。

要做到这点，就得学会照镜子、思古人、比别人。以铜为镜，可以正衣冠；以古为镜，可以见兴替；以人为镜，可以知得失。

培根说，诗使人聪慧，演算使人精密，哲理使人深刻，伦理学使人有修养，逻辑修辞使人善辩。

毛泽东被世人崇敬，不仅是因为缔造了新中国，还是因为他具有远见和战略眼光。在军阀混战时期，他老人家，写出《农民运动考察报告》，发现了中国的根本矛盾，奠定了中国革命的基石。在革命方向出现怀疑时，他写出《星星之火，可以燎原》，明确了方向，鼓舞了斗志。在抗战初期，敏锐地提出抗日民族统一战线并顺利解决"西安事变"，获得了广大民众和各阶层的认同、支持。在抗日陷入困境时，写出《论持久战》，分析透彻，大大激发了全国人民的抗日信心，最终把日本赶回老家。抗美援朝、中印战争，为国家安定稳定发展，争得了良好的外部环境。

作为企业老总，首先要非常清楚企业是什么？企业的目标是什么？根据自己的高度和掌握的规律，分析判断出企业的定位和准备发展的方向及可能的风险。规划愿景，分享愿景，宣传愿景，形成上下同欲、人人追求的精神家园。

　　发现有许多老总，在淘到第一桶金后，企业虽有所发展，但都变化不大，有的增长缓慢，有的则逐渐萎缩衰落。究其原因，可以有很多种解释，其中一条可能就在于对企业的定位，及对发展方向的迷惑。一些人通过一些特殊的关系，维持着业绩，殊不知，仅仅靠背后操作所能达到的成效对一个准备长期高速发展的企业来说只会是杯水车薪，因为所依赖的人更具有不确定性和延续性，可能反而耽误了激烈的市场考验而积累出的竞争能力和生存能力。到完全市场化的竞争环境中拼搏，才是企业发展的正道。通过创新获得技术相对垄断的利润，才会飞出一般企业踟蹰不前的怪圈。营销和创新是企业腾飞的翅膀，连续垄断的利润是高速发展的力量源泉。有一家企业，白手起家，短短三年，资产过亿，获得了区域垄断地位，并有长期快速盈利能力。它的轨迹是，从工程施工服务开始，淘到第一桶金后，发现市场需求，转而生产供热保温管道，取得多项自己的专利和市场认可，进而买断区域供热管线，形成区域垄断。可见，把握市场规律和决策是多么重要。

　　居高临下，不是说身处的位置，而是思想达到的境界。有的说，为达到某一暂时无力企及的高度是野心，所谓成者为王败者为寇。当某一天人家真正达到时，方才明白：有什么样的追求，才会有什么样的高度；有什么样的高度，才会有什么样的视野；有什么样的视野，才会有什么样的眼睛；有什么样的眼睛，才会拥有什么样的人才；有了什么样的人才，才会达到什么样的目标。秦始皇没有统一中国的野心不会成功，历代君王没有权利的欲望不会成功。一个卓越的领袖没有高瞻远瞩的目光，企业终将萎缩。"我们需要的是战场上的狮子，由一头狮子带领的羊群能够战胜一只羊带领的群狮！"

思想的力量往往战胜利剑的力量 —— 拿破仑。一个人的思想走多远，他就有可能走多远。

仰望天空，脚踏实地。做梦易，做事难。不能好高骛远，脱离实际，梦不能当饭吃，梦不能是业绩。饭是一口一口吃的，路是一步一步走的。在高瞻远瞩的同时，请注意自己的脚步，稳不稳，实不实。

2. 阳谋

刚正不阿、赤胆忠心，表里如一、豁达正直，为人正派、处事公道，一身正气、两袖清风，春风扑面、阳光灿烂。

阳奉阴违、阴阳怪气，两面三刀、明枪暗箭，阴谋诡计、阴险狡诈，阴狠毒辣、阴森晦暗，阴曹地府、阴死鬼冷。

把正直、正派、正气比作阳，把虚假、虚伪、虚暗叫做阴；把公开透明比作阳，把窃窃私语比作阴；把面子比作阳，把里子比作阴；把台上比作阳，把台下比作阴；把当面比作阳，把背后比作阴；把会上比作阳，把会下比作阴。阳则万物生长，阴则颓废衰败。

维护公道正义，风清气顺，积极向上的氛围是企业文化建设的重要内容。而，狡诈盛行，阿谀妩媚，暗箭中伤则会严重影响工作的积极性，危害企业的根本。

如果把十八层地狱比作对阴间地府鬼怪处罚不同的话，也同时表明，鬼怪恶毒也是有程度的；如果把天堂比作阳间圣地神仙赞美的话，神仙也是有级别的。

阳满则亏，阴盈则损。阳中有阴，阴里含阳。阴阳和谐，完美转换、轮回。事物繁衍生息，除旧成新。

谋事在人，成事在天。阳谋，公开的竞争，坦诚的交流，水到则渠成；成事，靠的是精神、毅力、能力、智慧、合作的环境，以及机遇。要阳谋，胸怀坦荡，开诚布公，营造宽和的个人魅力，才能赢得认同，赢得尊敬，赢得成功。而如若阴谋，虽，可能取得一时的效果，但却失去了做人的根基，兔子的尾巴长不了。

人间正道是沧桑。阳谋，行正义之道，有时会受一些阴险小人的嫉妒和阻扰，但对于一个人、一个企业的品牌，和长期的影响力却会产生深远的影响。得道者多助，失道者寡助。正义的力量终究是社会发展和进步的主流。现在在工程施工中有一种现象，值得深思和忧虑，就是诚信缺失。企业不讲诚信，拖欠、克扣工人工资；工人害怕被克扣和拖欠，则在施工的最后关头，磨洋工，逼迫企业提前或多支付工资。这样的结果只会拖累工期，并导致恶性循环。施工中，工人是大爷；工程结束，老板是大爷。最终受到损失的是建设单位，反过来影响施工企业和工人。工人的过激行为，甚至可能危害社会稳定和社会秩序。所以建立诚信评价体系，推行诚信文化已经到了刻不容缓的地步。

阳谋，是一种道德观，是人生追求的一种理想。而实际生活中，面对不同的人、不同的情况，有一个目标和方法的问题。"为了达到最高道德，可以不择手段。""正人用邪法，而邪法亦正。""只拥有世俗美德的君主（领导者），常常会因为过分在意世俗美德，从而丧失管理上的有效控制，从而导致国家（组织）的毁灭。在一个组织中，领导者负组织存亡兴衰的重责，所以他的阳光必须超越世俗美德的束缚，要为善，更要能够为达成善的目标而为"恶"。某电厂一个安全员，敢抓敢管，铁面无私，每天一副"恶"人现象，只要有违章被他抓到，必定被处理考核。很多人是又怕又恨他，可他满不在乎说"我抓安全不出事，就是积德行善，假如我放松要求，出了事，对不起他本人、他的家庭，也对不起企业和自己的岗位。后悔就晚了！"用"恶"的过程，保证善的结果，大智慧。

"所谓阴谋就是设陷阱，就是无中生有。其中高下就看你设置的陷阱高不高明了。不过再高明的陷阱都是阴谋中的致命伤。只要让人看穿，这个阴谋就一文不值。所以说是阴谋就有破绽。而阳谋就不同了，阳谋是把一切都放在你面前的计谋。它没有隐私，没有秘密，几乎一切都是透明的，所以它没有破绽。实施者只要把握住方向就行了。可以说它是借势而动，推动一切必然的发展而达到自己的目的。就像洪水决堤，谁都知道会死人，可是挡在它前面的还是非死不可，走都走不了。举个简单的例子，毛泽东当年和蒋介石争江山，明知道毛泽东打土豪、分田地是争取民心的阳谋，可蒋介石却干看着没有办法。因为他当时照做的话只有死得更快。结果一败涂地，直接逃到台湾去了。"

明枪易躲，暗箭难防。虽然要阳谋，不要阴谋，但，阴险之徒如披着羊皮的狼，时而有之，注意防范没有坏处。尤其是那些揣摩意图、刻意奉迎，事事顺从的人，需要警惕。五霸之一的齐桓公吃尽人间美味，最后是怎么死的？饿死。一侍从把儿子蒸了给他吃，最后怎能不报复他？表面阴险的还不属于高手，真正的阴险隐藏最深，咪咪微笑，八面玲珑，柔顺至极。殊不知，笑里藏刀，温柔小刀的厉害。

有一种现象，值得反思。想外聘到其他地方的人，都喜欢偷偷摸摸地去应聘，录用了，再跟现在的老板摊牌，搞的老板措手不及。其实，先跟老板说清楚，阳谋，不仅能说明你光明磊落，也表明你个人追求的愿望，重情重义，一身正气。如果哪天混的不如意，想再回来，也许还有机会。

3. 先礼后兵

曹操包围了徐州，刘备给他写信，信中写道："国内如今忧患无穷，董卓的余党还没有肃清，到处都是造反的农民，你应以朝廷为重，不要图报私仇。如果你撤走徐州之兵，以救国难，将是天下的幸事！"曹操看完信后大发雷霆地说："刘备是什么人，竟敢来教训我！把送信的人拖去斩首，我倒要看看刘备到底有什么能耐！"曹操的谋士郭嘉劝解说："刘备远道而来，先以礼相待，行不通再动兵。我们应该用好话去安慰他，以松懈他的斗志，然后以兵攻城，这样就可以获得成功。"

礼者、敬而已。礼有真正的尊敬、后发之人的意思，也会是假借的理由，变成一种造势的诡计。刘邦率先进入咸阳，约法三章，不扰民，不杀戮，全身而退，捞尽天下民心；而项羽坑杀20万秦军，一把火烧了阿房宫，民心尽失。袁绍讨伐曹操，用檄文痛骂曹操祖宗八代，没把曹操气死。这是在造势，是用所谓的礼达到所谓正义的目的。挟天子以令诸侯，寻找有礼的力量，站在有势力的一边发力，希望收到事半功倍的效果。刘备更是造势的高手，一个散失几十代的皇族后裔，仍以皇叔自居，拉上关羽、张飞桃园三结义，形成核心团队。以光复汉室的大旗，聚拢豪杰名士。兵退江夏，扶老带幼，笼络民心。假摔阿斗，赢得赵云将帅归心。

历代君王都是抗着有礼的名义造势聚民，征讨伐戮。不知礼，无以立。现在，更是注重礼的弘扬，礼之用，和为贵。

　　有礼走遍天下，无礼寸步难行。在日常人际交往中，往往存在许多矛盾需要解决，需要应对。有时，会相持不下，甚至反目成仇。这就需要有一个做人做事的原则问题，做到约法三章，先礼后兵，有理、有利、有节，能把不利变成有利，把劣势变成优势，时时把握住事态的主动权。礼到，人不怪。在布置任务或与人合作之前，先把可能的困难分析清楚，可能的风险分析透彻，可能的责任明确到人。做到明确目标，明确范围，明确人员，明确规则，明确授权，明确收益。这样，事事有据可查，处处明白透明。目标一致，同甘共苦，同心协力，彼此信任，合作愉快。即使遇到困难也会理解、支持和配合。反之，如果畏首畏尾，稀里糊涂，关系不顺，账目不清，则明争暗斗，处处防范，一事无成，万事皆空。特别是对于已经出现的矛盾，更要注意做好造势的工作，以礼相待，以礼服人，以诚待人，以诚感人。即使是被逼到墙角，退到南山，也要耐心规劝，迷途知返。当外面的形势完全对你有利时，绝地反击的机会就来了。这都是万不得已才为之的事。所以说，先说清楚再做，比边做边说，做完再说，要好得多。

在各级中的很多领导，安排任务时，都喜欢先分几项，看某个人完成得快，再分一些，鞭打快牛。对一些，追求上进的、有机会提升的下属，可能在短时间内，可以接受，甚至奉迎，而对于整个队伍的培养、成长，可能会是灾难。最后，会是人人都会说谎，人人都在偷懒耍滑。这是典型的随心所欲，能者多劳，没有目标，没有评价，没有规范，没有公正的一种常见问题。某个电厂机组大修，一个检修班组的班长，每天开早会分配一天的工作任务，十几天后，大家发现任务越来越多，一个个怨声载道，任务分配越来越困难，关系也越来越紧张……而另一个班组，在大修前，班长天天开会，与班组成员讨论检修任务的分配事宜。把所有的工作落实到小组，排定工作计划，确定奖罚制度，对保质保量，提前完成的，还可以适当休息。检修期间，这个班长每天早会主要强调安全事项，点评各组完成任务的情况。到各个小组有困难的时候，他又会主动带头，出力鼓劲。相比较就会发现先礼后兵的妙用了。

4. 上行下效

春秋时，齐景公自从宰相晏婴死了之后，一直没有人当面指责他的过失，因此心中感到很苦闷。有一天，齐景公欢宴文武百官，席散以后，一起到广场上射箭取乐。每当齐景公射一支箭，即使没有射中箭鹄的中心，文武百官都是高声喝彩："好呀！妙呀！""真是箭法如神，举世无双。"事后，齐景公把这件事情对他的臣子弦章说了一番。弦章对景公说："这件事情不能全怪那些臣子，古人有话说：'上行而后下效。'国王喜欢吃什么，群臣也就喜欢吃什么；国王喜欢穿什么，群臣也就喜欢穿什么；国王喜欢人家奉承，自然，群臣也就常向大王奉承了。"景公听了弦章的话，认为弦章的话很有道理，就派侍从赏给弦章许多珍贵的东西。弦章看了摇摇头，说："那些奉承大王的人，正是为了要多得一点赏赐，如果我受了这些赏赐，岂不是也成了卑鄙的小人了！"他说什么也不接受这些珍贵的东西。

后人便把"上行下效"来形容上面的人喜欢怎么做，下面的人便也跟着怎么做。在我们的现实社会里不是有很多这样的人和这样的事吗？例如一家公司的领导经常在外吃喝玩乐，不理业务，他的下属也跟着不务正事，这便是"上行下效"。

瓦屋点点水，点点不离窝。一个家庭氛围、相互关系、尊老爱幼、待人处事怎么样？父亲的言行举止传给儿子，儿子传给孙子，代代相传……就像雨水从瓦上流下来一样，始终不离左右。这就是传承，是一种家庭文化的延续。家庭如此、军队如此、企业也一样。电视剧《亮剑》上说，一个军队的军魂是由他的首长带出来的，特别是他的首任首长的品行、风格会深深影响到每一个战士，影响这支队伍成长、发展、壮大。

从前，晋国流行一种讲排场、摆阔气的坏习气，晋文公便带头用朴实节俭的作风来纠正它，他穿衣服决不穿价格高的丝织品，吃饭也决不吃两种以上的肉。不久之后，晋国人就都穿起粗布衣服，吃起糙米饭来。

中国这个大家庭，有五千年的文明史。形成了许多自己特色的世界观和价值观。有道家的道法自然，有儒家的淳淳教导，有法家的严格执法，还有佛家的度今生、修来世。在西方文明的冲击下，又逐渐融入了科学、经济、信息等，使我们的文化越来越丰富、越来越开放、越来越多元。

变化促进筛选，不变才是传承。大浪淘沙，精华留下。作为企业的负责人自然会对企业产生影响，好的声名远播，代代流芳；差的声名狼藉，渐渐淡忘。雁过留声，人过留名，文化会留下历史的印迹。某电厂一次大型开工典礼，老领导都来了。当介绍到某个老领导时，职工几乎整齐划一的发出雷鸣般的掌声，震撼了在场的所有人。这就是人品、人格、人性的力量。

5. 马无夜草不肥

"蚕无夜食不长，马无夜草不肥，人无外财不富。"要想出人头地，要想有所建树，那就得拼命的学习、锻炼，一人做两人的事情，一人付出常人两倍以上的努力。仅仅靠随大流，一般般，白天不努力，晚上不加班，不刻苦，吃老本，不会肥也不会富。靠撞大运、投机取巧，即使有那种暴富的可能，也会财源散尽，灰飞烟灭，到头来，一场春梦。匡衡勤奋好学，但家中没有蜡烛照明。邻家有灯烛，但光亮照不到他家，匡衡就把墙壁凿了一个洞引来邻家的烛光，让烛光照在书上来读，最终成了大学问家。苏秦发愤读书要打瞌睡的时候，拿起锥子自己刺大腿，血流至足，最后佩戴了六国的相印。毛泽东说："有了学问，好比站在山上，可以看到很远很多东西。没有学问，如在暗沟里走路，摸索不着，那会苦煞人。"

爱因斯坦说过：人的差异产生于业余时间。业余时间能成就一个人，也能毁灭一个人。

【自强篇·匡衡凿壁借光】

匡衡是西汉著名的经学家。他从小喜欢学习，可是家里买不起灯油，无法在夜间学习。有一天晚上，匡衡突然发现隔壁邻居家灯火通明，就灵机一动在自家墙上偷偷凿了个洞。这样每天晚上，匡衡就凑着那一小片从隔壁人家借来的灯光，孜孜不倦地读书。

现今社会，日新月异，突飞猛进，跟不上就被淘汰。会学习、能总结、懂协作、善整合，才能有立足之地，才能适应发展。仅就理论学习而言，历观中外读书经验，如果说博览群书重要，那么慎取、精取则更重要。有些书，即使是佳作，也往往并非字字珠玑，句句真理，而是玉瑕共存，精粗混杂。因此，不能对其不加分析，兼收并蓄，必须认真思考，分清优劣，去粗取精，弃伪存真。越是博览，越须慎取精取。否则，不加分析，盲目滥取，那就"尽信书，不如无书"，轻则无益，重则有害了。知贵精，不贵多。真正有学识者，不是记住很多死知识的人，而是积累了知识精粹的人。爱因斯坦在谈到读书时有段很精辟的话："在阅读的书本中找出可以把自己引到深处的东西，把其他一切统统抛掉，也就是抛掉使头脑负担过重并将自己诱离要点的一切。"宋代朱熹的"剥皮、去肉、见髓"之法，颇有见地。他说：书之精华，"犹如数重物色包裹里许"，须要一重重剥开，"去其皮，见其肉；去其肉，见其骨；去其骨，见其髓。"明白了"皮、肉、骨、髓"之所在，方能心中有数，取其精髓。否则，盲目滥取，也就难得其精了。记起英国文学家柯尔律治的读书四喻。他说：有的人"像滤豆浆的布袋，豆浆都流了，留下的是豆渣"；有的人"好像是计时的沙漏，注进水，流出来，到头来一点疤痕也没留下"；有的人"像海绵什么都吸收，挤一挤，流出来的东西原封不动，甚至还弄脏了些"；还有的人"像是宝石矿床的苦工，把矿渣甩在一边，只捡纯净的宝石"。

毛泽东说："读书是学习，使用也是学习，而且是更重要的学习。说学习和使用不容易，是说学得彻底，用得纯熟不容易。把二者结合起来，用得着中国一句老话："世上无难事，只怕有心人。"厚积才能薄发，水涨才会船高。一剑难铸成，十年不为多。愚公移山，铁杵成针，坚持不懈，参天大树。

二、理清思路

——科学能教人道理明白，能教
人思路清晰

6. 过程与结果

有人强调过程，认为结果是由一个个过程累积的，过程决定了结果，细节决定成败，于是狠抓细节，狠抓过程控制。

有人则强调结果，说无论白猫还是黑猫，抓住老鼠就是好猫。就是说，以结果论英雄。

其实这两个观点都有合理的一面，也都有局限性和侧重点。好的过程，产生好的结果，这是无可厚非的。但，当无路可走的时候，评价的标准都没有，又怎么知道过程的好坏呢？可以这样区别对待：当面对成熟的内部管理体系时，由于已经有了各方面的制度和标准，有制度可依，有规范可循，有标准约束，控制过程，设定流程，把好节点，一定能保证过程的质量，从而获得好的结果。而对于营销、创新（技术、管理）等有突破性质，前人没有走过的路径时，用结果论英雄，充分授权，可能会调动大家的积极性，八仙过海，各显神通，创造出好的结果。

过程是连续阶段结果的动态反应。结果是过程的累积效应，如同过程曲线的积分。过程要看它变化的斜率与趋势，结果不但要看它的效果，还应该看它的后续影响。

企业中，有些中层领导做事认真，踏踏实实，任劳任怨，惟命是从，可以说无可挑剔，可结果总是加班加点，甚至不能完成任务。也有的，是甩手掌柜，每周开一次会，总结上周的完成情况，

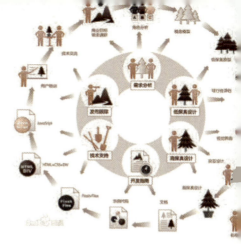

表扬和批评表现好的和差的，然后布置本周任务，明确目标，说明各项任务的重要性，分析可能的风险，宣布奖惩制度，用小结果保大结果，样样出色，年年先进。

　　过程很重要，关键看结果。不断地学习、消化吸收科学的管理理念，尽可能地规划路径，而不是瞎子摸象。用严谨、规范、标准，控制过程，加强管理，才会提高成功率、合格率，减少失误，减少损失，保证一个平稳的、可预期的结果。总之，好的结果才是最重要的，一切应该围绕着能打仗、打胜仗这个结果，挖掘潜力，调动资源，控制过程。

　　对每一个过程的评价，不仅要看得到了好的结果，而且要看获得成功后的状态和失败之前的过程。不断地以结果为导向，以优化过程为手段，才会逐步提高，取得更辉煌的成果。

　　都知道，为了实现短期的业绩结果，而杀鸡取卵是不可取的。但对于只考核每年利润目标的企业来说，仅仅追求短期效益的行为比比皆是。退休养老金制度，员工退休后，跟原来的企业就没有关系了，那么那些员工在最后几年还会为企业的长远考虑吗？特别是有经验、有能力、关键岗位的人做出的方案决策，能顾及长远吗？设计一种长期业绩馈赠机制，对于现在的企业负责人，可能会有一定的效果。

　　过去的结果，不能说明现在的过程，更不能决定未来的结果。有道是先胖不为胖，得看过去的过程的积累形成的效应。一些电厂先选用进口设备，可靠性基础好，设备状态好，结果几年下来，设备的维护检修和管理水平明显弱化，人员水平明显不足。对于新上的国产设备更是无计可施，既没有信心，也没有斗志，更没有技能。有钱难买少年穷，穷人的孩子方法多。一些企业，初始阶段设备比较差，通过自身的努力，改造、维护，开展可靠性、寿命及设备状态监测管理，不但使设备健康水平大大提高，更主要的是培养了一支能吃苦、善开拓、敢创新的队伍。先苦后甜，循序渐进，稳健踏实，对于后面的发展过程和结果都会是一个好的基础。

7. 授权

　　萧何月下追韩信，说服刘邦，筑坛拜将，开启了布衣做皇帝的先河，也成全了汉初三杰之一的韩信，声名远扬。

筑坛拜将是明确授权的最佳方式。通过授权，昭告天下，谁有权，谁可以发布命令。现今，企业提拔人员后，通过召开通报会和发布通知，内部分工，明确授权。所授的权有签字权、话语权、提名权、建议权等。

另外，有些临时任务，在会议上明确授权，有的还可能临时授予某人某种特权。有些会钻营的人，会扯虎皮当大旗，把领导的一句话，鸡毛当成令箭，肆意夸大。

有权意味着责任，授权意味着随时可能被收回，就像刘邦潜入韩信大营，拿走大印一样简单。

授权，权分实权和虚权，职有实职和虚职。把虚权虚职当成大权特权，本末倒置，离没权也就不远了；而把实权实职弃之不用，混乱无序，软弱无力，没有业绩，枉费领导任用。

授权，明确授权，划清界限和范围，是理顺关系、方便管理、避免矛盾、减少内耗、提高效率最重要形式。授权可以取彼之长，补己之短。职权明晰，可以减少玩弄权术的土壤，减少歪风邪气的空间。政令通畅，组织有序，风清气顺是搞好企业的关键。

通过授权，使闲者在上，能者居中，工者居下，智者在侧。

有部分人不愿意授权，感觉权力来之不易，心理上怕失落，怕失去控制，怕迎接挑战，以影响效率为借口，是缺乏信心的一种表现。"因为自信所以授权"。楚汉相争，项羽失败，除了不会看人、识人外，还有一个原因就是用人，不会用，不会授权。韩信说他是即使是把印章磨平了，也不愿意授给有功劳、有能力的人。

不授权，管理者保留；低度授权，下属行动；高度授权，下属报告；完全授权，全面放手。

黄炎培：事繁勿慌、事闲勿荒、有言必信、无欲则刚。和若春风、隶若秋霜、取象于钱、外圆内方。

应该授权的：① 下属已具备能力；② 制度已经健全。

可以授权的：一般由经理自己做，有较大的风险，能锻炼下属。

不可以授权的：① 需要身份；② 设定标准；③ 重大决策；④ 人员的选甄考核资质；⑤ 签字权；⑥ 人事机构；⑦ 关于制定政策的事；⑧ 危机问题；⑨ 下属的培养问题；⑩ 上级分配给你亲自做的事！

授权，不可以随意乱授，搞不好，是适得其反。能做参谋，不一定能做将军；能独当一面，不一定耐得住寂寞；能治国安邦，不一定能做好村长。诸葛亮一生最失误的一次人事安排就是任命马谡守街亭，最后不得不挥泪斩马谡。刘备人事安排中，最大的一次失误，也是蜀汉衰败的直接原因，就是任用关羽守荆州。都说关羽大意失荆州，其实，早该预料到。以关羽傲慢自大，老子天下第一的心态，怎么能处理好内部和外部的关系？内外交困，人困马乏，败走麦城，身首异处。由此引发了张飞惨死，刘备战死白帝城，蜀汉从此一蹶不振。

授权就是把领导变成员工，把员工变成领导；领导变成员工就是放下，员工变成领导就是员工把企业使命变成自己的。

一个领导，是否喜欢授权，善于授权，在作为新领导走马上任时，最容易表现出来。喜欢谋大事，谋全局，谋发展，开拓性的领导会充分授权；而讲原则、讲规范、讲细节保守型上级则会时时、事事、处处不愿授权，单枪匹马，单打独斗。

8. 目标

彼得·德鲁克说：任何一个其绩效和结果对企业的生存和兴旺有着直接和举足轻重影响的领域，都需要有目标。企业目标应该包含市场地位、创新、生产力、实物和财力资源、获利能力、管理绩效和培养管理者、员工绩效和工作态度、社会责任。设定目标，先确定每个领域中要衡量的内容，以及衡量的标准。

目标是什么？目标应该是什么？目标将会是什么？目标管理是企业管理的精髓。企业都有战略目标、年度目标，整体目标、个人目标、硬目标、软目标，如何统筹兼顾长期和短期、宏观和

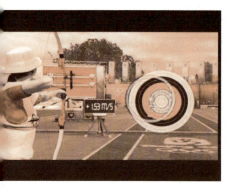

微观、软和硬是企业规划的重要内容。而确定每项内容和评价标准都考验着领导策划水平。

目标要层层分解，合身合体。小目标保大目标，下层目标保上层目标，个人目标保集体目标。

对于目标确定，有的说，设定的目标是个人跳起来才能够得到的高度。有的说，有什么样的高度就有什么样的方法，目标可以超常规设定，跳起来够不到，可以找梯子，借外力。可能应该分类，对于营销和创新，确实可能创造出意想不到的奇迹，而对于内部管理方面，稳步提升可能更加现实。

有一次，一个设备检修任务，三个人，一周都没有完成，而实际工作量是多少呢？后来，另外三个人半天就完成了。电厂在确定检修项目，确定组织工作量，始终是件令人头疼的事。让工人干多了，工人反抗，嗷嗷叫。让工人干少了，外包的多了，增加检修费用，关键是多少人对应多少工作量，并没有统一的定额标准，具体操作自然问题很大。有道是，兵不在多，而在精，在于精神。一次机组大修前，讨论工作量。突然召集专工、班长、技术员等按工作项目，要求每个人根据自己的经验，分别独自估算出每个项目的工作量。结果发现，估算的结果比班组报上来的用人工作量要少很多，让班组和部门领导哑口无言。可见，确定工作量，确定工作目标，并让下级愉快的接受也是要有艺术和策略的。

对于高层，梦想目标——远景，画饼充饥，给团队人员一个美好的愿景，是企业精神凝聚，并形成企业价值观的一种高效的方式；对于中层，定位、画圈，给予适度的空间和自由，既要求规范的执行，又可创造性的突破；而对于低层，则明确标准，约束行为，令行禁止，画"×"。

国民党的目标是三民主义，"民族、民权、民生"，追求平等、博爱、自由。共产党的目标是共产主义，财产共有。而实施的具体手段是打土豪、分田地。可看出，国民党没有具体的惠及劳苦大众的策略，追求的理想是有温饱的上层人士的希望。而共产党的政策，始终站在最低层人民的视角，解决急需解决的根本矛盾。所以共产党赢得了广大民众的支持，最后夺取了政权。晁盖坐聚义厅，为义而生，为义而灭。宋江的旗号是替天行道，坐忠义堂，结果归顺朝廷。可以说什么样的信念，什么样的追求，什么样的目标，就决定了什么方法和手段，也就决定了什么样的结果。

一个企业的根基在班组。由于信息传递丢失效应，班组知道企业的信息最少。对公司的愿景规划，发展方向，有的一无所知，只知默默干活。没有目标的基层，特别容易陷入泥、砖、瓦、块的痛苦之中。领导要会做精神提升，给他们描绘宏伟蓝图，激励他们青史留名。班组强了、细胞活了、基础好了，再筑高楼大厦，那才稳固，那才永久。

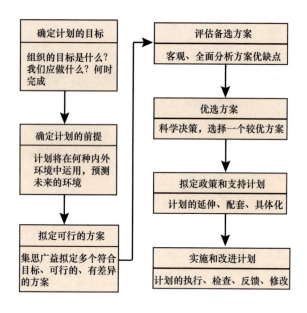

確定计划的目标

组织的目标是什么?
我们应做什么? 何时
完成

评估备选方案

客观、全面分析方案优缺点

确定计划的前提

计划将在何种内外
环境中运用,预测
未来的环境

优选方案

科学决策,选择一个较优方案

拟定可行的方案

集思广益拟定多个符合
目标、可行的、有差异
的方案

拟定政策和支持计划

计划的延伸、配套、具体化

实施和改进计划

计划的执行、检查、反馈、修改

电厂的制粉班是全国电力系统企业中公认的最苦、最脏、最累的设备检修维护班组,每天基本上是一身粉、一身灰、一身油。一个电厂这样的制粉班组,起初,班里员工天天叫苦叫累,没人愿意多做事多干活,设备越来越差,管理越来越被动。换了一个班长后,这个班长把设备承包到组到人后,描绘愿景:白衬衫,打领带。"我的目标就是让我们这个最脏最累的班组人员,能穿白衬衫,打领带上班。"这是口号,也是信念,更是追求。通过几任班长的努力,班组摆脱了困境,设备没有了跑、冒、滴、漏,人员摆脱了苦、脏、累、差。设备缺陷率降到系统内的最好水平,连续多年被评为集团先进。现在基本是上班多学习,轻松度时光。目标明确,措施得力,执行有力,激励到位,就会产生意想不到的结果。

9. 拍脑袋

"拍脑袋，瞎指挥！"往往成为经营失败，追究责任的一种说辞。殊不知，拍脑袋也是一种决策方法。所谓风暴理论，运筹判断理论，风险决策理论都有拍脑袋的成分。西蒙说，管理即决策。

企业发展，产品选择要决策；内部风险，措施制订要决策；个人择业、选人用人同样要决策。决策存在于我们工作和生活方方面面。可以想一想，有多少是通过逻辑推理，理智的选择？又有多少是头脑发热，感情用事得出的结果？拍脑袋现象是比比皆是的呀！有成功有失败，有辉煌有暗淡，有捷径有曲折，有坦途有沟壑，有兴奋有失落，也有平淡无奇默默无闻。

决策有时只是件小事，而有时却是影响深远的一件大事，甚至影响成败，影响一生，影响兴衰。诸葛亮为什么能被世人崇拜？不仅是他会火烧新野，草船借箭，七擒孟获，关键是他给刘备呈献的方向性的大计策，即《出师表》写道：将军既是皇室的后代，又声望很高，闻名天下，广泛地罗致英雄，思慕贤才，如饥似渴，如果能占据荆、益两州，守住险要的地方，和西边的各个民族和好，又安抚南边的少数民族，对外联合孙权，对内革新政治；一旦天下形势发生了变化，就派一员上将率领荆州的军队杀向宛、洛二郡，将军亲自率领益州的军队打出秦川，百姓谁能不拿着饭食、酒水来欢迎您呢？如果真能这样做，那么称霸的事业就可以成功，汉朝的天下，就可以复兴了。后来基本是按这个策略进行的，使最初的预言或说决策，得到了验证，形成了三国鼎立的态势。

毛泽东领导的中央红军（即红一方面军）在雪山之中与张国焘率领的红四方面军会师后，两军混编为左右两路军。毛泽东率领右路军继续北上，而张国焘率领的左路军坚持南下。结果证明毛泽东的决策是正确的。

GE公司原董事长兼CEO，杰克·韦尔奇初掌通用之时，通用电气的销售额为250亿美元，盈利15亿美元，市场价值在全美上市公司中仅排名第十，而到1999年，通用电气实现了1110亿美元的销售收入（世界第五）和107亿美元的盈利（全球第一），市值已位居世界第二。特别是他决策的数一数二战略，对原来庞大的帝国进行瘦身，关停并转，保留关键的四个主攻方向，1981年的通用旗下仅有照明、发动机和电力3个事业部在市场上保持领先地位。而到1999年已有12个事业部在其各自的市场上数一数二，如果单独排名，通用电气有9个事业部能入选《财富》500强。就在韦尔奇执掌通用电气的19年中，公司发生了巨大的变化，并因此连续3年在美国《财富》杂志"全美最受推崇公司"评选中名列榜首。

在事关战略布局、新产品研发、人事任免、宣传策划等方面应该慎之又慎，用科学的风暴决策，风险评估进行拍脑袋，使决策方案的风险降到最低，使预期的成功率到达最高。

要做到这一点：

第一，要能收集到全部的、最新的、有价值的信息；

第二，组成一个权威的、全面的、专家型的组织；

第三，进行系统的、充分的、自由的交流和讨论；

第四，让各位专家给出个人观念下定量的分析预测数值；

第五，运用运筹学方法，计算出可能结果的概率和风险程度；

第六，董事会讨论，遴选出两种可能性最大的方案；

第七，董事长、总裁拍脑袋决策；

第八，关注事态发展，体现细节管理，微调掌握控制。

一个电厂 1994 年率先引入最新的设备管理理念及方法——点检定修制，1999 年全面推行点检定修模式，到现在仍然在细化深化，挖掘完善，这在全国都是少有的。关键是通过点检模式强化了设备管理，从一般点检到精密点检，从预防检修到状态检修。2012 年做到了，全年无非停，全年没有设备原因申请停机，全年没有重要辅机缺陷影响负荷的情况。已连续安全运行 4500 多天，供电煤耗等经济指标在同类机组中多年保持全国领先。4 台国产锅炉四管 5 年无泄漏，其中 1 台锅炉 8 年无泄漏。4 台锅炉一次风机、密封风机最长 10 年未大修。

10. 绩效

工作情况看成绩，看效果。对每个员工进行公平、合理的定量评价，这是所有企业领导都想做的事情。可事实是用绩效定量评估的方法在很多地方、企业并不成功，往往出现形式主义，成为一种摆设。

究其原因，可能为以下几个方面：① 都是领导对下属的评价，抵触情绪很大。越是基层班组，越不愿得罪人。② 具体到每个岗位，都有很大的差异性。事少，失误就少。用似乎公平的尺子，统一度量，难免出现偏差。③ 评价标准，有的用硬杠杠，有的偏弹性。如一个厂的绩效评分，有工作量、工作质量、工作态度、工作能力四项内容。按比例，10%优秀，80%良好，10%合格、基本合格，符合统计规律。工作量可以计算，工作质量可以评估，工作能力可以测评，工作态度，怎么打分？怎么扣分？

第一，对绩效评估这种工具应该有一个统一的认识，对各层级进行评价，让优秀的员工显露出来，让干得好的员工表现出来，总比大锅饭、平均主义好得多。

第二，设计规则，科学公平合理。应该包含，① 紧紧围绕部门、班组、个人目标设定的内容；② 执行规章制度和完成任务情况；③ 个人奋斗表现的潜力（领导、管理、技术等）；④ 表现的变化情况；⑤ 对所有评价别人的领导，有一个专项，对他人评价的准确性和争议性。

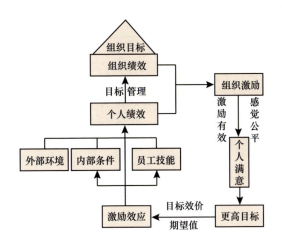

第三，抓住两头，良性循环。抓评价的领导，要求他秉公负责，公道正派，敢于管理，有理有据。抓每个团队班组评价最低的人，分级面谈，合情合理地进行疏导。

第四，不断完善改进，营造积极向上、比学赶帮超的氛围。

绩效管理适合在成长期的企业。对于投产初期不稳定和成熟期，已经形成良好企业文化阶段的企业，则评价内容和力度要进行修改。投产初期的企业，不建议用绩效管理，因为企业本身不稳定，急事大事多，人员不熟悉、不信任，难免差错多，怨气多，处理不好，负面影响大。而对于成熟的企业，已经形成了良好的文化氛围，再强行找出落后的人员，一没效果，二没意义。可以增加创新方面的内容，鼓励创新，激励改变。杰克·韦尔奇要求GE搞绩效管理，测评出最差的员工开除。有一个班组报上一个最差的要开除的人的名字，结果查出这个人早就去世了，可见推动绩效评比的难度。

一个人，对十几人甚至几十人，进行一个月工作的定量测评，可以说，难免出现主观臆断现象。带有个人特质、个性判断的评价，用于科学精确评判，本身就有失公允。所有即使是定量的数字，也应该用定性的方式处理。从定性到定量是科学管理的进步；而从定量再到定性是管理艺术的升华。

某电厂一个班对员工技能水平的测评和确定，有新意，有力度。班长把全班所有设备的技术关键点、窍门点罗列出来，形成 5 颗星，每个人得星多少与技能绩效挂钩。先让每个员工自己对照申报，然后到现场检验，是骡子是马，一目了然。方案一出，许多以前自以为是的都乖乖低下头来，自己去找机会培训锻炼了。

某电厂一个部门，知道绩效管理可能会出现一些消极的影响，于是提出"五气"疏导理念和方法。"五气"是指消气、服气、鼓气、争气、士气。每月每年的评比是最让员工伤心，领导伤神的事。不比，不能触动神经，不能调动积极性；比，则有人欢喜，有人忧，有的甚至不服气，不认账。拿起筷子吃饭，放下筷子骂娘。所以，思想工作非常重要，针对评价低的人或组织，要适时的给予帮助，帮他们，消气、服气，给他们鼓气、打气，使他们重新树立信心，勇争第一。如果绩效搞得好，顺风顺水顺气，则企业稳稳当当，士气高昂，蒸蒸日上。

11. 利润

利润是评价企业盈利能力的重要指标。各企业都喜欢把利润做多做好，追求利润最大化成为上级对下级评价的一项重要指标。其实，短期利润与长期利润常常是矛盾的，推崇每年的短期利润，就会减少投入，影响持续的、长期的盈利能力，无异于杀鸡取卵。追求高利润特别是想长期盈利是无可厚非的，但作为有远见的和有风险意识的领导，应该考虑市场的规律性和竞争的残酷性，在企业欣欣向荣的同时，关注风险的存在。

吕不韦，阳翟的大商人，做企业积累起千金的家产。他到邯郸去做生意，见到子楚后非常喜欢，说："子楚就像一件奇货，可以囤积居奇。以待高价售出"。资助他、帮助他取得了皇位，同时把自己的骨肉变成了子楚的太子，继而成为了皇帝，就是秦始皇。吕不韦可以说是古今中外第一风险投资商，他以投机商业的手段投机政治，由经商而经国，其气魄之大、信心之强、眼光之远、心计之深、创意之妙、谋划之周、办法之多、预见之准、收益之丰都可谓前无古人，后无来者。追求利益最大化的思想，并非让人只捡西瓜，不要芝麻。追求利益最大化，也应有前提，即对现实状况有准确的把握，对市场前景进行科学的分析，对自身能力有清醒的认识。追求利益最大化的思想，改变着人们的现代市场营销观念。追求利益最大化一般是很难立竿见影的，需经过长期艰苦的努力和大量的投资。这就要求企业不能斤斤计较一两次利润的大小，而应当目光长远，力求长期利润的最大化，追求企业长久的持续发展。吕不韦由经商而经国，令古今中外的商人们自叹弗如。后世的商人们或有意或无意地都在向这位经国巨贾学习，但很少有人能有吕不韦这样的野心，更很少有人能遇到像吕不韦把握的那种绝好机会。

利润最大化是具有足够资本积累后的一种追求。一个小企业，温饱都成问题，还谈什么利润最大化，即使是吕不韦，在缺衣少食的情况下，也不会敢有奇货可居的思想。当有雄厚的实力时，才可能追求稳定的利润最大化，特别是涉足政治，就如美国的财团可以影响美国的战略走势一样。

利润最大化是利润最小化的累积。沃尔玛公司（Wal-Mart Stores，Inc.）（NYSE：WMT）是一家美国的世界性连锁企业，以营业额计算为全球最大的公司，其控股人为沃尔顿家族。总部位于美国阿肯色州的本顿维尔。沃尔玛主要涉足零售业，是世界上雇员最多的企业，连续三年在美国《财富》杂志世界500强企业中居首。沃尔玛公司有8500家门店，分布于全球15个国家。沃尔玛提出"帮顾客节省每一分钱"的宗旨，实现了价格最便宜的承诺，沃尔玛还向顾客提供超一流服务的新享受。

关注风险，考虑的是使企业健康稳定的发展。要理解确保利润底线，才能使企业良性发展。利润的底线就是最低利润。最低利润应该包含成本、员工工资、折旧、营销开支、税收等，同时应该计算风险成本、社会责任以及社会资本平均的投资回报最低利率（银行存款利率）。《基业长青》告诉人们，对一个企业而言，

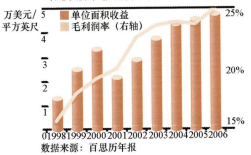

百思买历年毛利润率/单位面积收益曲线

万美元/
平方英尺

■ 单位面积收益
■ 毛利润率（右轴）

数据来源：百思历年报

一群聪明人在维持现状的基础上敢于进行新尝试比拥有一个有魅力的领袖更重要，而拥有一个核心的理念并为之奋斗则是企业的关键所在。"利润是生存的必要条件，而且是达成更重要目的的手段，但对很多高瞻远瞩的公司而言，利润不是目的，利润就像人体需要的氧气、食物、水和血液一样，这些东西不是生命的目的。但是，没有它们，就没有生命。"利润之上的更高追求在伟大的公司里，更是被作为像"教派般的文化"那样所灌输。"利润之上的追求"如果不明确、不具体，就会是空洞的大口号。

获得最大利润最有效的手段莫过于垄断利润，垄断有政治垄断、技术垄断等，而对于一个想基业长青的企业来说："伟大的公司的创办人，通常都是制造时钟的人，而不是报时的人。他们主要致力于建立一个时钟，而不只是找对时机，用一种适销对路的产品打入市场；他们并非致力于领袖人物充满魅力的人格特质，而是致力于构建高瞻远瞩的公司组织特质，他们最大的创造物是公司本身及其代表的一切。""造钟"就是建立一种机制，使得公司能够依靠组织的力量在市场中生存与发展，而不必依靠某位个人、某种产品或某个机会等偶然的东西。随着市场的进一步完善与规范，企业必须越来越依靠一个好的机制，包括好的组织结构、好的评价考核体系、好的战略管理等。

12. 营销

根据市场需要组织生产产品，并通过销售手段把产品提供给需要的客户被称作营销。在具有不同的政治、经济、文化的国家，营销不应该一成不变。即使在同一个国家，在消费品行业、B2B 行业 (business to business industries) 和服务业，营销方式也是不同的。而在同样的行业里，不同的企业也有着各自不同的营销方式。

通过销售获得经营业绩。销售是手段，业绩是目的。只有销售出去产品，才能回笼资金，才可以扩大再生产。所以，企业的重要任务之一就是紧紧围绕业绩目标，开展各种销售活动。

推销产品，有很多方法。直销、分销、代销等，为扩大知名度，增加销售，很多都用广告的方式，进行宣传，甚至利用欺骗的手段，无限夸大产品的功能和效果。

通过某种方式让更多的人了解产品，然后产生购买欲望。知道市场需求，抓住市场需求及欲望，以最好的方案进行推广、扩充、营造需求氛围。进行目标销售，提高曝光率，达到广告效应，品牌效应，以树立品牌性。

营销的一个经典案例是：一个闭塞的岛上，人们都是赤脚行走。让你到岛上推销鞋子，你应该怎么办？有人说，打广告，广告是销售之魂，结果无人理睬；有人说，先送，培育习惯，结果，没人要。为什么没有成功，是因为，没有找到关键的人。谁的影响力最大？谁的示范作用最强？当然是酋长或国王。如果能让国王或酋长把穿鞋作为一种高贵高雅的典范进行宣传，我想一切都会迎刃而解了。

有人说销售人员推销产品其实是在推销自己的人品，推销自己的能力。有一个故事可以说明。一个推销人员在一个企业推销产品，无意中听说，某领导的母亲生病，要到北京去看病。他二话没说，自告奋勇，说北京那个要去看病的医院，他有亲戚，满口答应下来了。其实他北京什么亲戚都没有,都是后来去找关系的。试想，这么一个肯为关键人物帮忙的人，能不成功吗？

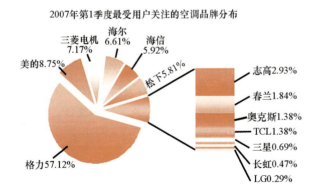

2007年第1季度最受用户关注的空调品牌分布

三菱电机 7.17%
海尔 6.61%
海信 5.92%
美的8.75%
松下5.81%
志高2.93%
春兰1.84%
奥克斯1.38%
TCL1.38%
三星0.69%
长虹0.47%
LG0.29%
格力57.12%

人有人道，猫有猫道，狗有狗道，把东西销售出去才是王道。物流、现金流是企业的血液，营养着企业经营生产中的每个细胞。追求销售业绩，保证资金回笼，是企业生存的必然条件，但为销售而销售是不可取的。企业有大量的生产设备和固定资产，不能做一锤子买卖，要有长期的战略规划。产品的功能、效果、稳定性是营销的基础，而营销、服务又会为产品带来无限的蝴蝶效应，两者相辅相成，相互促进才能产生巨大的影响。

营销的最高境界是营销品牌，有了品牌，就可以营销预期，甚至是花别人的钱，而获得收益，实现所谓的"空手套白狼"。

历史上的自我营销高手叫毛遂。平原君赵胜，奉赵王之命，去楚国求兵解围。挑选门客，门下有一个叫毛遂的人主动自我推荐说："听说先生将要到楚国去签订'合纵'盟约，约定与门客二十人一同前往，而且不到外边去寻找。可是还少一个人，希望先生就以毛遂凑足人数出发吧！"平原君说："先生来到赵胜门下几年了？"毛遂说："三年了。"平原君说："贤能的人处在世界上，就好比锥子处在囊中，它的尖梢立即就要显现出来。如今，处在赵胜的门下已经三年了，左右的人们对你没有称道，赵胜也没听到赞语，这是因为先生没有什么才能的缘故。所以先生不能一道前往，请留下！"毛遂说："我不过今天才请求进到囊中罢了。要是我早就处在囊中的话，就会像锥子那样，整个锋芒都会露出来，不仅是尖梢露出来而已。"平原君终于带毛遂一道前往。由

于毛遂的努力，谈判取得巨大成功。

　　另外一个自我推荐的高手，应该算韩信了。韩信忽悠过丞相萧何后，逃走了，害的萧何月下追韩信，刘邦筑坛拜将，把一个无名小卒提拔为统帅三军的大将军，可以说一步登天。成也萧何，成全了萧何发现人才的美名，也造就了一位无敌将军的功绩。

　　营销的发展方向：第一，从营销的主体来看，企业是营销的主体单位一般是传统营销。当然传统营销并不是唯一的营销的主体，比如各种组织机构和个人多种主体共存共同发展也是营销的主体单位。第二，从营销的对象来看，企业营销的对象不再是单一的产品和服务而是各种有价值的事物，都可以进行有效地利用。

第三，从营销的操作手法来看，认为营销不再是单纯的传统营销手段，而是当代各种营销手法的混合，比如流行的网络营销、电话营销（如一呼百应智能精准电话营销解决方案）、无线营销、声动营销，O2O 营销这些营销手段，一般大企业都会与传统营销灵活地选择，同时搭配出最适合企业营销的手段。第四，从营销发展的未知性来说，营销的发展谁也不能肯定地说营销即将发生什么，这个明确的答案谁也不敢给出，就算是专家，他或她也不能肯定未来即将发生的事情，因为很简单从哲学上来说："事物的发展是未知的、总是变化的"。第五，从营销的发展来看，人们在不断地实践的过程中，遇到困难不断地解决困难，在解决困难中以及各种营销实践中不断地总结理论，从而让营销的各种理论不断地得到升华和发展。同时，理论在不断地进步的同时，人们再用这种升华过的理论去指导营销实践活动。

13. 流程

《牛津词典》里，流程是指一个或一系列连续有规律的行动，这些行动以确定的方式发生或执行，促使特定结果的实现。而国际标准化组织在 ISO 9001∶2000 质量管理体系标准中给出的定义是："流程是一组将输入转化为输出的相互关联或相互作用的活动"。

企业的物流、资金流、信息流、人才流是企业连续运转要素的集合。大路小路通罗马，小路大路通莫斯科。没有规范，没有要求，就像没了头的苍蝇，乱飞。所以，每个成熟的企业都有一套规范的流程。项目审批怎么走？物资怎么采购、验收、领用？资金怎么预算、支出、回收？管理信息怎么收集、传达、闭环？人才队伍怎么培养、考核、提升？……

每一项内容都有若干个分支，每一个分支都有几个节点，每个节点都有人把关。循环流动，层层把关，形成一个川流不息的景象。

一个个框框，一个个规范，一道道程序构成了规范管理、科学管理的铜墙铁壁。

流程管理（process management），就是从公司战略出发、从满足客户需求出发、从业务出发，进行流程规划与建设，建立流程组织机构，明确流程管理责任，监控与评审流程运行绩效，适时进行流程变革。

流程管理的目的在于使流程能够适应行业经营环境，能够体现先进实用的管理思想，能够借鉴标杆企业的做法，能够有效融入公司战略要素，能够引入跨部门的协调机制，使公司降低成本、缩减时间、提高质量、方便客户，提升综合竞争力。

一般认为，流程管理是一种以规范化的构造端到端卓越业务流程为中心，以持续地提高组织业务绩效为目的的系统化方法。它应该是一个操作性的定位描述，指的是流程分析、流程定义与重定义、资源分配、时间安排、流程质量与效率测评、流程优化等。

因为流程管理是为了客户需求而设计的，因而这种流程会随着内外环境的变化和需要而被优化。

这些流程明确了流动的线路及线路上的把关的人员，也就明确了各部门、各岗位的权限和职责。固定的模式也就注定了它的严肃性、权威性和原则性。对于企业内部管理需要固化的方面，流程管理往往会是稳定工作质量和保持工作常态一个有力的工具。

流程管理的鼻祖是流水线管理。1769 年，英国人乔赛亚·韦奇伍德开办埃特鲁利亚陶瓷工厂，在场内实行精细的劳动分工，他把原来由一个人从头到尾完成的制陶流程分成几十道专门工序，分别由专人完成。这样一来，原来意义上的"制陶工"就不复存在了，存在的只是挖泥工、运泥工、扮土工、制坯工等，制陶工匠变成了制陶工场的工人，他们必须按固定的工作节奏劳动，服从统一的劳动管理。

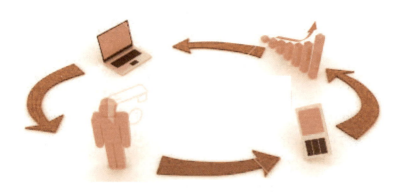

流程管理，多了原则性，也就少了灵活性。尤其对于需要不断开拓创新的事务，流程会带来意外的掣肘、制约，从而影响效率，影响速度。

企业在创新、营销领域需要更多的灵活性，就应该用更加灵活的策略；在内部管理、规范运作、维持稳定等方面可以明晰流程，明确授权，明确责任。

当然，灵活性需要约束，原则性也要有灵活。流程是加强原则、减少灵活一项很有成效的方法。

国际知名品牌，海尔集团，在取得巨大的成功后，仍然提出流程再造。"创新驱动"型的海尔集团致力于向全球消费者提供满足需求的解决方案，实现企业与用户之间的双赢。2008年，海尔实施全球化品牌战略进入第三年；随着全球化和信息化突飞猛进，海尔开始了信息化流程再造。海尔通过从目标到目标、从用户到用户的、端到端的流程，打造卓越运营的商业模式。海尔的信息化革命，意味着"新顾客时代"的开始。海尔通过流程机制的建立和卓越商业模式的打造，创造和满足全球用户需求。

电厂设备管理中一项重要内容是对设备状态进行巡回检查，希望能在设备故障发生前，预先知道，从而提前做好措施。某厂制订的巡回检查流程没有针对性，不合理，员工不愿执行，以至于出现领导规定某个时间段不能蹲在办公室的命令。究其原因是因为巡回检查的流程设计没能与现实的需要很好的融合，出现生搬硬套、墨守成规的教条。试想，如果所确定的检查点、检查内容、检查标准、检查频次、检查方法等都是经过多位专家根据经验和风险分析技术探讨出来的，完全贴近现场的话，执行起来会更容易接受，而且预先发现的问题也会更加精准。

14. 1-2-3

有人说，隔代不管，隔层不问。一般也是认为，一级管一级，一级服从一级就可以了。其实，这样埋下了很大的隐患，欺上瞒下，闭塞视听，指鹿为马的现象可能逐步形成。而真正的管理应该是无缝隙交接，无缝隙管理，做到信息畅通，沟通顺达。

秦二世的时候，赵高驾着一头鹿随从二世出行，二世问他说："丞相为什么驾着一头鹿呢？"赵高说："这是一匹马啊！"二世说："丞相错了，把鹿当做马了。"赵高说："这确实是一匹马啊！（如果）陛下认为我的话不对,希望（陛下允许我）问一问群臣。"群臣之中一半说是鹿，一半说是马。这时，秦王不相信自己，却相信奸臣的话。

当然，每天疑神疑鬼，四处打探也没有必要。充分授权和充分信任是目标管理的要诀。

秦二世作为最高管理者，不能准确知道

正确的信息，自然对企业失去了控制。

管理控制是指管理者影响组织中其他成员以实现组织战略的过程。管理控制涉及一系列活动，包括：计划组织的行动；协调组织中各部分的活动；交流信息；评价信息；决定采取的行动；影响人们去改变其行为。管理控制的目的是使战略被执行，从而使组织的目标得以实现。因此管理控制强调的是战略执行。管理控制是管理者执行战略、实现目标的工具之一。

企业管理就是组织控制技术。组的本义是指把用以纺织的纤维分成一束一束的丝，让它排列有序；织的本义是指纺线织布，把线状的纤维做成布匹。组织合在一起用在管理学上，就是指资源配置，让所有的企业资源各就其位，形成企业的基本结构，为企业运行奠定基础。控，就是通过有效约束来保证企业资源的基本格局和工作秩序的形成与稳定，可以理解为企业的静态管理;制，是指企业的动态管理，就像导弹发射过程中的制导技术一样，根据各种发射参数的变化随时修正方向和推进方式，保证目标命中。决策、策划、执行、营销、预决算等管理行为和目标管理、绩效管理、精细化管理、6Σ 等管理方式，都是组织控制技术的具体运用。组织控制技术当中，组织和控制是体用关系，组织结构决定控制行为，控制行为修正组织结构，组织结构与控制行为相互博弈，让企业运行臻于完善。

管理控制由一般控制理论演变而来，具有一般控制理论的特点，那就是：① 同是一个信息反馈过程。通过信息反馈，发现管理活动中存在的不足，促进系统进行不断的调整和改革，使其逐渐趋于稳定、完善、直至达到优化状态。② 管理控制也有两个前提条件：即计划指标在控制工作中转化为控制标准；有相应的监督机构和人员。③ 管理控制也包含三个基本步骤：拟订标准、衡量成效和纠正偏差。④ 管理控制也是一个有组织的系统。

由于控制对象的是有主观能动性的社会系统，管理控制还有另外一些特点：① 信息反馈、识别偏差原因、制订和纠正措施的过程比较复杂。② 不仅要维持系统活动的平衡，而且还力求使组织活动有所前进、有所创新，使组织活动达到新的高度和状态，或者实现更高的目标。

一般控制，为了保证控制的可靠和精准，控制系统都有一定的冗余，且是多种反馈设计结构。那管理控制也应该是两级管理或多级管理，各级也应是两级或多级管理，这样，不仅可以防止出现偏差和保证信息的准确传递，而且可以促进形成公开透明的竞争环境。如此，除了可以考察下级的执行情况，还能关注到执行好的原因和不好的理由，帮下属树立起领导的权威和顺畅的氛围。

管理控制，在企业的实际工作过程中，有时会出现"架空"现象，个中缘由耐人寻味，也可以说是组织管理控制的一种奇妙状态。

某企业领导提出 1-2-3 的管理控制思想，即让下一级服从，还要力求做到让下下级对下一级的负责。如果做不到，就要查明原因，改进措施。试想如果都有这种思想，都按照这样去做，组织的管理控制则会非常坚固。

三、凝聚人心

——企，无人则止

15. 留住人

现代，各个企业都知道人才的价值，发现人才、使用人才是企业管理最重要的一项工作。但留住人才，关注人才流失，寻找流失的原因，并采取措施的并不多见。其实，通过分析流动情况，可以发现人才使用上出现的问题。

留住人，首先是发现人才。百里奚在虞国没有得到重用，在楚国放牛，后来五张黑色公羊皮就卖给了秦国，而在秦国，主持秦国国政期间，百里奚"谋无不当，举必有功"，辅佐秦穆公倡导文明教化，

实行"重施于民"的政策，让人民得到更多的好处，并内修国政，外图霸业，开地千里，称霸西戎，统一了今甘肃、宁夏等地区，开始了秦国的崛起。这一时期，秦孝公称之为"甚光美"的时代，使秦国成为春秋五霸之一，为秦国最终统一中国奠定了牢固的基础。韩信，汉初三杰，在项羽那里只能做一个看门的小官，即使多次提出建议，也未能被发现和重用。而到了刘邦那里，被萧何发现，推荐给刘邦，后被拜为统帅三军的大将军，能不尽心竭力地效忠刘邦吗？武松在柴进家那么多日子，也没被发现，雪夜里，一个人围着火盆烤火，孤苦伶仃。后来被宋江发现，又是买衣服，又是送钱财，又是拜兄弟，待遇真是一天一地。结果死心塌地地为宋江鞍前马后，也成就了一生传奇。

其次是用好人才。合适的人用在合适的地方。是大才得大用，是中才要培养，是小才去激励。如果是小才非得当大才使用，就会像当年的曹操使用蒋干这个成事不足败事有余的人一样，赤壁之战，一败涂地，还差点丢了性命。有很多喜欢自吹自擂的人，总感觉自己有八斗之才，武功盖世，力大无穷，而怨天尤人，其实，是骡子是马，拉出来溜溜，就知道了。

有个国家领导人说：靠收入留住人，靠机会留住人，靠感情留住人。说得很有道理，收入是生存的基础，也是评判成功的标志之一。这样可以留住小才。人在满足了基本的物质生活的情况下，最希望什么呢？还不是机会，不是领导的感情。而是稳定，妻子在身边，儿女有学上，父母不寂寞。这样能留住中才。对于有成功的渴望，有受人尊重愿望的大才，要给舞台，给机会。机会给人希望，给人以遐想。机会应该理解成，展示的舞台，特殊的待遇，而不仅仅是升迁的途径，人人都挤独木桥，不落水也是伤痕累累。根据个人特点和潜能，提供条件，提供舞台，提供资源，提供思路，都可以让很多人发挥个人智慧，享受成功，乐在其中。

再次是建立公平、公正、公开的用人机制，通过锻炼人、培养人、挖掘人，使人人都有合适的舞台和环境也许是留住人的最有效的手段。吕蒙，三国东吴人，原来才疏学浅，有勇无谋常被戏称为"吴下阿蒙"，而孙权非常关心他的成长，劝其读书学习，一次，孙权对吕蒙说："你如今身居要职掌握重权，不可以不学习。"吕蒙推脱军务繁多，没有时间。孙权说："我难道是想要你研究儒家经典而成为学识渊博的学者吗！只要粗略地阅读，了解以往的事罢了。你说你事务繁忙，谁比得上我处理的事务多呢？我常常读书，自己感到有很大的收益。"吕蒙乃悟，开始学习，日积月累，他读的书，超过了宿儒耆旧。毛泽东说："吕蒙如不折节读书，善用兵，能攻心，怎能充当东吴统帅？我们解放军许多将士都是行伍出身的，不可不读《吕蒙传》。"

留住人才得分三六九等，针对不同的层次、不同的需求、不同的心理状态给予不同的激励方案。有的人有成就感，不断挑战自我，给他一片天，就能给你一个奇迹，那就给他一个班组，一个部门，甚至一个企业。有的喜欢出谋划策，那就给他进行规划发展、市场策划。有的善于沟通交流，那就去市场营销。特别是对有精神追求的高层或密圈的人，除了给待遇，还要会升华感情，还得送精神安抚。高尚的事业，千古留名的事业，会吸引一批高层次的人才。送得多，送得贴心，就稳定了团队，凝聚了人心。

感情是牵动的氛围，快乐工作总是让人留恋，但不到北方又怎么知道南方的温暖？所以给予温暖、温馨很重要，更重要的是要知道身在福中要知福。

有人喜欢说：树挪死，人挪活。挪动，才会被发现，升迁的机会才会顺利。对于过去，一个企业领导，很可能在岗位上做到退休。如没被看中的话，也许这辈子就真的没戏了。而今，领导，多则四年，少则两年就会换一轮。是人才早该被发现，被提拔了。如果始终没被看中，那也该好好反思自己呀！

水往低处流，人往高处走，强扭的瓜不甜。允许一定的流动也许是件好事，到大环境中体会生存，体验生活，返回来的信息会更有说服力，塞翁失马焉知非福。通过分析进出的变化情况，可以反应企业的经营状况、用人的情况和文化氛围。

留住人才不是目的，管理的目标是很好地完成任务。试想，如果在所谓的人才后面有了充足的后备，又为何为留住人才而犯愁呢？所以培养人与留住人总是存在微妙的关系呀！一个电厂，检修队伍一次走了8个骨干，换了11个班长。然而，换人后不仅没有影响工作，而且更有活力，更加富有战斗力，在上级的调控下顺利度过了困难期、危险期，圆满完成了任务。

16. 教会徒弟，饿死师傅

以前，一个城市，一个街道，一个乡村，都有从事手艺的行当，所谓三百六十行，行行出状元，大底这么一说。每一行，每个店铺都有一个手艺超群的师傅。木匠、铁匠、泥瓦匠等大牌名师中，最出名的要算是鲁班了，班门弄斧，那就是不知天高地厚。师傅年龄大了，老了，或扩大店面或朋友推荐，就会收一两个徒弟。徒弟为学得独门绝技，都是起早贪黑，扫地挑水，辛苦异常。就这样，一年半载，也很难接触到师傅的真功夫。如果，碰到只有独生女的师傅，那可算是最幸运的了。即便这样，师傅也是躲躲藏藏，难见庐山真面目。为啥？祖训：教会徒弟，饿死师傅。这时，有的徒弟就会偷学，出了名的是杨露禅，在陈家沟，夜里偷学陈式太极拳，学成了还发展了，创出杨式太极拳，名震天下。杨教头在京城发展，陈家那一代名气不大，也算饿了东家。

　　一般，到师傅真正感觉老了，子孙又不旺，后继也无人，那时才哆哆嗦嗦地卖弄几下，传几招窍门。徒弟顿然省悟，啊，想了几年都没搞清楚，原来竟然这么简单。有人比喻就像捅破一层窗户纸，一点就破了。道是这个道，理是这个理，可不捅就永远不懂。

　　作为徒弟应该理解，师傅们学到这门绝技容易吗？也是三叩九拜，勤勉有加，机关算尽。而且，有很多技巧也是师傅们，费劲脑汁，摸爬滚打，总结提炼出来的呀！想学得真经，不费点工夫，没有点智商情商怎么能行？

　　师傅把徒弟教会了，徒弟出师，自立门户，独自谋生，自然抢了同在一地师傅的生意，甚至拉走原来的老主顾。一般行规是不允许的，而且有箴言，一日为师，终身为父。就是说对做一天的师傅，都应该像孝敬父亲一样孝敬一生。可见，师傅在手艺传承中的地位。

现在，虽说到了知识经济时代，追求高学历成为时尚。可很多手艺不是知识能够解决的，就像瑞士的钟表，家庭作坊也能造出世界名表。手艺是心脑手瞬间的结合，微妙的感官觉察，控制调节，就会出现不同的结果。师傅领进门，修行在个人。同样的师傅，同样的传授，不同灵心悟性的徒弟也会有不同的认知。

虽说，大多数师傅都是保守的，甚至传内不传外，传男不传女。但，也有一些是开明的，喜欢与人交流、切磋，注重接受新知识、新工艺、新方法。这样，他的生意就会越来越大，名气也会越来越响，成为大家、宗师。而保守的、封闭的，只会在一个小范围里繁衍生息，遇到风雨也就逐渐凋零了。

现在的企业内部同样受到这种思想的影响，手把手，带新人、教徒弟现象的并不多见。培育新人、培养后备是企业持续壮大，持续发展的力量源泉。特别是知识不能代替的手艺、工艺、习惯，应该得到应有的尊重和传承。让老师傅享有盛誉，让好徒弟快速显露，让手艺传承成为风气。

春秋战国时期，有个牛人齐桓公，是春秋五霸之首。辅佐齐桓公的就是大名鼎鼎的管仲。每次管仲有了贡献，齐桓公第一个奖励的不是管仲，而是管仲的启蒙老师；第二个是奖励的是发现和推荐管仲的那个人；第三个才是管仲。这叫不让发现和培养人才的人被冷落。鼓励发现人才，推荐人才，培养人才，企业才有后劲，传统、文化才会得以更好地传承。

电厂设备检修中，磨煤机刮瓦是个手艺活，没有师傅传授是不可能掌握的。一个人为学到这门手艺，天天跟着师傅屁股后面递烟倒酒，刻苦钻研，用真心和执着感动了师傅，学到了真经。后来，师傅落难，徒弟尽一切所能报答他的恩情。

17. 人才

什么是人才？政府有关部门解释：人才是指具有一定的专业知识或专门技能，进行创造性劳动并对社会作出贡献的人，是人力资源中能力和素质较高的劳动者。具体到企业中，人才的概念是这样：指具有一定的专业知识或专门技能，能够胜任岗位能力要求，进行创造性劳动并对企业发展做出贡献的人，是人力资源中能力和素质较高的员工。

有的学者说：人才就是离开后，在短时间内没有人能代替的人，而且，没人代替的时间越长，说明才能越大。这是市场比较决定的相对变化的解释。符合市场需求，符合市场规则，符合市场规律。

人中之才，即人才，有谋事之才、谋略之才、将帅之才、栋梁之才。一国人才的众寡优劣直接影响着国家的兴衰存亡。一代又一代的人中之才在各自的历史时期里不辱使命地完成了自己的角色，推动了社会的发展。孙子《计篇》中阐述到：战争是严酷的，治国是艰辛的。虽然军事和治国的战略都从属于政治、从属于自然及社会和物质基础，然而导演战争、治国安邦的都是人。

而人中之才在社会发展的战略结构中扮演了至关重要和能动的因素。时至今日，世界各国的竞争日趋激烈，并将竞争引向广泛、多元、高、精、深的方向发展。时代予以了每个国家、每个企业、每个人飞速发展的机遇，但同时又以"优胜劣汰"的残酷法则驾驭着每一个参与竞争者——是生存还是死亡的问题，最终只能由人自己来回答。在几千年的提问与回答中，我们听到了那些积极、坚定或是震撼人心的声音，这些声音的发出者便是人类社会的"人中之才"——他们发出倡导世界发展主流的声音，他们为国家献计献策，他们为企业的振兴群策群力，他们为发展科学与文明而欢呼，他们为消除无知与愚昧而呐喊。

孟尝君的门客冯谖，想方设法为孟尝君营造声誉，提出狡兔三窟才能避免祸害，在孟尝君为相的几十年里，没有很轻的祸患，倚靠的正是冯谖的谋划啊！而齐国孟尝君出使秦国时，却被秦昭王扣留，孟尝君的一个食客于是装狗钻入秦国大营偷出一件珍贵的狐白裘献给秦昭王的宠妾燕姬，求燕姬给秦昭王说情，讨回了孟尝君。秦昭王果然同意了，孟尝君逃至函谷关时秦昭王后悔，又下令追捕。孟尝君的另一食客于是装鸡叫，引的周围的鸡齐声鸣叫，骗开城门，使孟尝君得以逃回齐国。不管黑猫白猫，抓住老鼠就是好猫，就是人才。要栋梁之才，安邦治国平天下，也要有奇才怪才，出其不意攻其不备，为你取得奇妙的业绩披荆斩棘。有道是秀才遇到兵有理说不清，恶人得有恶人磨。好汉怕赖汉，赖汉怕赖死嵌，赖死嵌怕不要命的……大刀有大刀的用处，锥子有锥子的使法。

市场又究竟喜欢什么样的人呢?GE 公司的标准是德才兼备。有德有才，不升才怪；有德无才，贵人相助；有才无德，什么没得；无才无德，人生尽失。特别是有才无德的人，很有破坏性，许多企业都把他们拒之门外。

国有企业对领导干部，考察德、能、勤、绩、廉五个方面。可见，一个人的思想品德、责任意识在人才观中的分量。修行先修德，成才先厚德。宽厚仁义、忠心耿耿、谦虚谨慎是做人的根本，也是成功的基础。

远在春秋战国时代，管仲就第一次提出用人要"任其所长"的理论。他在《形势解》中说："明主之官物色，任其所长，不任其所短，故事无不成，成功无不立。"

最优秀的管理者：军井未掘，将不言渴。军灶未开，将不言饥。雨不披蓑，雪不穿裘。将士冷暖，永记我心。梦想成功的喜悦，态度决定一切。

优秀的下属：

（1）主动报告工作进度。对上司的提问有问必答，而且清楚，让上司放心！

（2）努力学习，充实自己，才能跟上上司思路，理解上司的言语。遇到问题，要有自己的见解和想法。并且，能对自己的工作不断提出改进。做到进不居功，退不避祸，敢于担当。

（3）对上司保持起码的尊重，虚心接受批评，不犯二次错误。拾遗补缺、补台，激励上司，弥补上司不足。

（4）毫无怨言的接受任务，不忙的时候主动帮助他人。不可盲目介入上司的生活，不可背后说上司的坏话，不可过于突出自我，不可承诺无法达到的目标。

基层要有责任心；中层除了责任心外还要有上进心；高层除了责任心、上进心，还要有事业心。

千里马常有，而伯乐不常有。人才需要有发现人才的眼睛。

赠君一法决狐疑，不用钻龟与祝蓍。

试玉要烧三日满，辨才须待七年期。

周工恐惧流言日，王莽谦恭未篡时。

向使当初身便死，一生真伪复谁知？

其实，借一双慧眼，以小见大，知一斑而窥全貌。人不可能知道所有的事，所有的人。三人成虎，众口铄金，是一种评价方式。对一个人，一件事的判断，也得看评价人的品位和能力。通过物以类聚，人以群分，也能发现很多信息。具体的事，具体的人，做事的方式，做人的态度，学习的悟性，开放的思维，周全的考虑，追求的境界，战略的高度等。

听其言，观其行。有的人先说后做；有的人先做后说；有的人边做边说；有的人说了也不做；有的人做了也不说。夸夸其谈，纸上谈兵，妄自菲薄，不能用；有一说二，揽功推过，拉帮结派，限制用；勤勤恳恳，踏踏实实，任劳任怨，鼓励用；公道正派，表里如一，一日千里，多多用。

有时候，一句话，一个动作，就能发现端倪；一件小事，一次表现，就能判断趋势。看人，不但看他的基础，更重要的是看他变化的斜率。

汉光武帝刘秀，手下有著名的云台二十八将。其中一个人叫冯异，陪着刘秀平河北、定关中，功高盖世。但冯异有个特点，比较沉默，不爱说、不爱讲，每次打完胜仗，他都不争功、不好利，静静的到大树底下闭目养神。刘秀感叹：冯异真是我的大树将军。

"大树将军成为典故，形容有才华、有水平、有贡献，但不爱炫耀的人。在企业的队伍中，有很多像冯异一样默默无闻、兢兢业业的，他们没平台、没机会、没时间到领导面前表现。他们有了成绩就应该得到宣传、表扬和鼓励，不要让他们寂寞、寒心。老黄牛要是挨饿了，就没有人再当老黄牛了；大英雄要是委屈了，就没人去冲锋陷阵了。发现人才、激励人才，才会涌现无数的人才在基层建功立业。

某电厂一个部门领导，发现有个班长，为人正直，敢说敢当，敢抓敢管，一身正气，在开会时，给他评价是：一撇一捺，到哪里都是个大大的"人"字；另有个班长，为人厚道，朴实善良，亲力亲为，身先士卒，在会上，表扬他是：三张口都夸好的人，即品好。通过准确的定位和鼓励，大树特树老实厚道人的形象，激发大家的工作热情。

18. 老马识途

齐桓公应燕国的要求，出兵攻打入侵燕国的山戎，相国管仲和大夫隰朋随同前往。齐军是春天出征的，到凯旋时已是冬天，草木变了样。大军在崇山峻岭的山谷里转来转去，最后迷了路。管仲思索了好久，有了一个设想：狗离家很远都能寻回家去，那么军中的马尤其是老马，也应会有认识路途的本领。于是在征得齐桓公同意后，立即挑出几匹老马，解开缰绳，让它们在大军的最前面自由行走。这些老马都毫不犹豫地朝一个方向行进。大军就紧跟着它们东走西走、最后终于走出山谷，找到了回齐国的大路。

走到山里没有水喝，隰朋说："蚂蚁冬天住在阳光充足的地方（南面），夏天住在阴凉的地方（北面）。地上蚁穴有一寸高的话，地下八尺深的地方就会有水"。于是挖掘地，终于得到了水。凭借管仲的精明通达和隰朋的智慧，碰到他们所不知道的事，不惜向老马和蚂蚁学习；而今的人带着愚蠢的心而不知道向圣人的智慧学习，不是很大的错误吗？

"长江后浪推前浪，前浪死在沙滩上。"现在，很多老员工会发出这样的感慨。虽说，新老替代，是自然的规律，是时间的必然，但怎么顺利交接，是大有学问的。一个新的领导上台，总会换一帮人员，特别是一些老员工，会逐步退居二线。这些老员工用好了是块宝，用不好，可能就是一绊脚石。老员工都知道自己的价值，知道自己多年的经验积累和人脉关系，更知道教会徒弟饿死师傅的典故。师傅教徒弟是一个坎，师傅贡献余热也是一道坡。前面一个坎，在于徒弟怎么做，怎么感动师傅，怎么找到细节，怎么悟到真谛。后面一道坡，在于企业的领导。许多企业的新领导，在老员工退出重要岗位后，几乎都认为，有了新人的补充就能解决技术和管理上的问题，而怠慢了老员工。当然，老员工也会有老人员的缺点，自恃清高，居功自傲，喜欢谈自己做出的贡献，不把领导当领导，提一些比较尖锐的意见或建议，不给新领导台阶。廉颇说："我是赵国将军，有攻城野战的大功，而蔺相如只不过靠能说会道立了点功，可是他的地位却在我之上，况且相如本来是个平民，我感到羞耻，在他下面我难以忍受。"并且扬言说："我遇见相如，一定要羞辱他。"后来，老将廉颇能负荆请罪，改正观念，何其难得呀！对于这些倚老卖老的老同志，怎么对待，就考验新领导的心胸和智慧了。

老工人、老专家、老领导，都是企业的宝。怎么护好、用好他们是一门学问，也是作为企业领导对文化传承理解的诠释。老员工，可以给你呵护、关爱、帮助；给你指引、指导、指路；给你忠告、经验、教训；给你他的关系和资源，为你赢得宽厚、仁爱、奋发的气场。当然，在这些老员工中，有能力平平，随波逐流一辈子的；有满腹经纶，夸夸其谈混日子的；有勤勤恳恳，踏踏实实干工作的，还会有善于总结，经验丰富的。有广交朋友的，也有默默无闻的；有无私奉献的，也有掖着藏着的，还有喜欢无事生非，搬弄是非的。用其所长避其所短，起码不能背负不尊敬老人的骂名呀！

从姗姗学步，到耄耋老人。有涓涓求学，有辉煌鼎盛，有古稀落寞，人人都有这个过程。孝敬父母，尊敬长辈，感恩上司，是传统美德。

电厂一个老安全员，勤勤恳恳，任劳任怨，经验丰富，敢于管理，几十年如一日，快退休了，临别时部门领导赠给他一个匾额，上书：安全保障大功臣，披星戴月几人能？和睦友善同舟济，宝塔一座定乾坤。同时，留用三年，为厂里的安全生产做出了巨大贡献。在他的辅佐下，利用这三年时间又培养了一批高水平的人才。

19．兵头将尾

企业的所有生产活动都在班组中进行，所以班组工作的好坏直接关系企业经营的成败，只有班组充满了勃勃生机，企业才会有旺盛的活力，才能在激烈的市场竞争中长久地立于不败之地。班组就像人体上的一个个细胞，只有人体的所有细胞全都健康，人的身体才有可能健康，才能充满了旺盛的活力和生命力。

基础不牢，地动山摇。基础在哪里？在班组！三星公司的班组管理的核心是生动活泼，具有民主性，注重实际效果，注重人的自觉性、主动性与创造性的发挥。班组开展的各类管理活动，都与企业的方针、目标及重点工作相联系，充分体现了人人爱岗位，人人爱企业的精神。由于班组开展的各项管理活动中形式多样又非常灵活，给人们一种浓厚的、真切的、充满生机和活力的感受。

企业都有最小的单位，小组、班组、团队、项目组等。有组织就有领导，有组织就有管理，有组织就有协调，就有任务、有计划、

有安排，有执行、有奖惩、有闭环，也就涵盖了管理内容的全部。组长、班长、项目经理就是将，最小的将，"一将不才，累死三军"，又是执行任务的兵，班组中最大的兵。

班组靠谁？靠班长！班长知道的事情，面对的事情，处理的事情都是最复杂、最真实、最困难的事情。一个个健康的细胞，一个个高效的班组，组成的人体，构建的企业才能完成各种运动，完成各种任务。所以班长在组织中起到至关重要的作用。选好班长、用好班长应该是企业最高决策者都应高度关注的大事。班长对下负责，又要对上负责；让下属满意，也要让上级满意。既要会上传下达，借足东风，政令畅通，完成任务，又要会软硬兼施，化解矛盾，和谐共处；既要能任人唯贤，发现人才，培养骨干，更要能开阔视野，统筹兼顾，积蓄力量。

一般人认为，做班长，就是执行，只要听话就行。如果，企业的领导没有进取心，简单的这么要求也就算了。而对于一个朝气蓬勃、蒸蒸日上、充满活力的企业，这种要求似乎低了。"火车跑得快，全靠车头带""领导带头，万事不愁"。"不想当将军的兵，不是好兵"不能把全班带好，也不会是好班长。很多领导说，能把一个班带好，就能把一个部门带好，甚至把一企业带好。许多企业，甚至国有大企业的领导都是从基层、从班组长岗位干出来的。他们能走上领导岗位，除了自身努力、领导赏识外，关键的是他们有基层管理的经验，能敏锐感觉到来自基层的声音，时时处处关心企业工人的冷暖，在群众中拥有很高的威望。

做一个好班长：第一，学会执行。即使感觉上极有可能有错误，也要学会先执行、再理解，边执行、边理解。在执行中理解，在理解中执行。原因是你的高度没有你的上级高，你的信息没有你的上级多，你的经验没有你的上级那么丰富。当然，也不能说，你的上级就是那么完美，就那么权威。一般情况下，用其所长，避其所短，是基层用人的原则，所以说基层的领导水平是参差不齐的，别指望他们都有多高的水平，多大的能力，多少程度的公平。特别在底层、基层的地方，越是在基层、低层，评价一个人越不规范、不科学。想冲破层层阻力，并在激烈的竞争中脱颖而出，是很困难的。大浪淘沙，选出的金子能有多少？所以执行，无条件的执行，主动的执行是对领导最好的跟随。其实，跟错人，被打击报复也是常有的事，千里马不仅得有千里的能力，也要有千里的眼光。第二，是学会争利。执行得好，执行得多，对上有了交代，获得了上级的好评，然后会是鞭打快牛、快马加鞭，工作任务会越来越多。工作都是靠大家做的，班里员工的意见也会越来越大。怎么安抚、怎么忽悠是水平。不过，千万别小看了工人阶级的判断。可爱的员工们还没到大公无私、无私奉献到不讲条件的地步。适当的、相对公平的待遇是必须的。为民争利，为民谋利，不仅应该，还会得到有远见领导的赏识呀！第三，学会主动。主动要比被动好。上级有什么长远的目标和要求，可以主动地开展，有创造性地开展，轻松地完成。否则，一旦被动，会处处被动，上得不到领导喜欢，下不受群众欢迎。第四，学会学习。班组面对的问题，都是没有退路，必须解决的问题。特别是一些技术问题，作为班长，要能有两把刷子，技压群芳。

班组的工作，可以说是柴、米、油、盐、酱、醋、茶，吃、喝、拉、撒、玩、乐、睡！党政工团，一样不少；麻雀虽小，五脏俱全。布置任务，检查结果；奖励考核，公平合理；安全质量，按时完成；基础台账，整齐划一；理论培训，实践检验；主动管理，处处带头；合理安排，问寒问暖；控制全局，勇于担当。

班组管理中，班长常见的问题是：

（1）怕得罪人。特别是老人员多的情况下，作为新人员、新班长想严格管理确实存在一定困难，但要想改变现状，就必须进行严格管理。当然首先，打铁还需自身硬，没有技术短腿，做到公平合理，身正贵人相助。

（2）唯唯诺诺，为上级命令是从，不顾大家感受，不顾员工辛苦。不能为大家争利的班长不是好班长，也带不出好队伍。当然，争利，是有技巧的，也是得有成绩的。看到成绩，看到变化，就该鼓励和有所表示了。

（3）拉帮结派，不公正、不公平，处理奖金等敏感的利益问题不敏感、不公开。虽然可能会因笼络部分人心，形成一个小圈子，能做一些事情，但不能调动所有人的积极性，不会形成强有力的团队，也就注定不会成为一个优秀的班长。

有人说，没有考核就没有管理。一个健康的、朝气蓬勃的、有战斗力的企业，必定有完善的奖罚制度，并能公平和规范的执行。而能让考核生根落地，并变成促进企业良性循环的一个关键就是责任到人。在基层班组，培育敢于担当、敢于担责、敢于改正错误的就显得尤为重要。某个电厂，有个班长在利益分配方面做得特别好，首先明确了责任落实制度，制度既体现主体责任（50%），也反映班长管理责任（20%），其他人员共同担当（剩余的30%）。每次对于上级的考核，按制度进行落实后，再到班委会上进行讨论，大家签字。制度不合理时，及时修改制度，在以后的月度考核中执行。这样，保证了制度执行的严肃性，又体现了公平、公正、公开、民主管理，而且既体现了主要责任，又体现了管理责任和利益共担的团队精神。

而今的企业光靠单打独斗是早就不行了，要的是合作、协同、组合和目标一致，真如现在的火车，高铁、动车组的高速度，要靠所有轮子的共同努力。"人心齐，泰山移。"

车头决定方向，思路决定出路。一个班长处在基层，能圆满完成任务已经不易，似乎不该有更多的要求。但对于一个想优秀、卓越、出类拔萃的人而言，有思路、有决心、有毅力地改变自己，不断提高，又似乎是应该的。

一个好的上级领导会挖掘、培养、支持、呵护新上任的班长。帮助新班长明确方向，明确目标，构筑体系，规范执行。在关键的时候，给予鼎力支持，度过适应期的难关。

20. 预备队

预备队，作战部署中作为机动使用的兵力编组。掌握并适时使用预备队对于夺取作战主动权，取得作战胜利具有重要意义。

公元前 4 世纪，中国战国时期著名军事家孙膑提出了"斗一、守二"的思想，主张作战时以三分之一的兵力为前锋，与敌交战；以三分之二的兵力作为后队，待令而动。欧洲马其顿国王亚历山大提出了以中等装备的步兵担任预备队的思想，并在高加米拉之战中建立并适时投入预备队，打败了波斯军队。公元前 1 世纪，罗马兵团以一部分大队留作预备队。

中国人民解放军在土地革命战争和抗日战争时期，通常以少数兵力编成预备队，用于应付意外情况。在共产党建军初期的影视文献中，也经常看到，直属队、教导大队、预备队、独立团。而且，个个赤胆忠心，英勇无比，身怀绝技，出剑必胜。预备队成了杀手锏，成了左右胜局的关键，成了攻无不取、守无不成的中坚。有时候就是出其不意，攻其不备，扭转战局的一根稻草。未来战争中，预备队的地位将提高，编成内空中机动兵力的比例将大为增加；预备队将成为打击敌人的重要力量，提高其生存能力具有更重要的意义。

成立预备队，战时成为突击队、敢死队；平时是培训基地，凝集力量，甚至是绵里藏针，暗渡陈仓的利器。

在军队中，预备队的提法或案例很多，因为一场战役可能遇到的突发事件和不可控因素比较多，用预备队来应付突发事件或不可控因素。由于预备队的出现，最后能一举赢得战争的胜利。预备队犹如，一个人挽起的拳头，积蓄着力量，一旦出击，威力无比。现代企业中，预备队、突击队还有存在的必要吗？个人认为，存在是很有必要的，甚至是非常有用的。某企业，有一次上级安排了一项大的整改任务，仅靠一个班组是远远不能完成的，于是，从各个班组抽调骨干人员，组成突击队进行支援，通过近两个月的努力，完成任务，并取得了非常好的效果。通过这次活动，在交往中，大家彼此沟通交流，坦诚合作，相互配合，既增进了相互的信任，又增强了友谊，同时发现了几个让大家心悦诚服的具有凝聚力的人才。这样的一次活动，发现起码有以下几点好处：① 各班抽调骨干后，原来不受重视的人员得到了锻炼。② 各班被抽调人员后，还能很好地完成原来的任务，是人力资源分配的一种尝试，锻炼了队伍。③ 完成了突击任务。④ 各班组的人在一起融合，有利于相互理解和认同。⑤ 到一个新的环境中，解决新的问题，也是一种锻炼和培训。⑥ 新的组织，最容易发现人才，特别是临时任命的负责人，能不能得到认可，是否具有凝聚力和战斗力，一目了然。鉴于以上评估，决定不解散队伍，而是转变成预备队，单独活动和培训，重点解决突发性的问题，都取得了很好的效果。最大的收获是，从这支队伍里先后走出了多名优秀的班组长，有五人很快升到了专工岗位。

　　有些企业抽调骨干到学校集中进行培训学习，既锤炼了原来

的队伍，又培育了新的骨干，为将来储蓄了人才，还可以用来应对突发事件，是一举多得的事情。很多有远见的企业都非常重视这些工作，甚至自己成立企业内部学校，如海尔大学，华为大学等。历史上有名的培育人才，并获得巨大成功的学校如黄埔军校、中国工农红军大学等。在土地革命战争中，各红军学校和红军大学培养和造就了大批军事、政治领导干部以及各类专业人才，为提高工农红军素质，夺取战争胜利做出了重大贡献。

足球队中成立和培养预备队。拜仁预备队，作为拜仁青训营的主力军，拜仁预备队一直是拜仁青训的重点，现在的这支球队是由绍尔带领，他2009年5月执掌预备队教鞭，目前的这只预备队身处德国丙级联赛（俗称地区联赛）南部赛区，他们还夺得过地区联赛冠军。长期以来，拜仁预备队为拜仁贡献了包括施魏因施泰格、拉姆在内的众多球星。

在企业里，尤其是在半军事化的电力企业里，有攻坚克难、艰苦突击的检修任务的。不妨模仿尝试，可能会带来意想不到的效果。

21. 跟对人

人们常说："千里马常有，而伯乐不常有。""天生我才必有

用。""说你行，你就行，不行也行；说你不行，你就不行，行也不行；横批:不服不行。"人都是有才、有能力、有愿望、有追求的。在自认为具备某种超资历、能力、阅历的状态下，总是希望有一片天空，有一个舞台，有一个环境让自己发挥，达到自己追求的理想彼岸。但事实却总会差强人意，不是领导不重视，就是同事不支持；不是运气不好，就是机会不对，苦苦

追求，苦苦等待，甚至撞得头破血流，仍然原地打转，一事无成，于是发出上面的感慨。

天寒地冻，武松一个人发着烧，在屋檐底下烤火，而屋内却是灯红酒绿，酒足饭饱，可怜的武松会怎么想？天下谁人不识我？再说，在柴大官人家怎么混得那么惨呢？可怜之人，必要可嫌之处。不是柴进对朋友不够意思,而是他自己一个二愣子，情商不高，天天不是骂这个，就是打那个，得罪了所有人，没有一个人为他说一句好话的。能怨谁？好在，宋江及时雨，踢

翻了他烤火的盆，引出了英雄遇知音，鞠躬尽瘁死而后已，景阳冈打虎，醉打蒋门神，生擒方腊。著名作家冯骥才用一副楹联"失意且伍豪客，得时亦一英公"表示对他的评价。

有本事，要有真本事，不仅能独当一面，而且能整合各种资源；有能力，要有真实力，不仅能不断学习，而且能善用情商。"当一个循规守矩的老实人，遇到情场高手时，他有超越的机会吗？"如果等着别人发现，等着别人赏识也是无能的表现。是锥子就该戳穿口袋，是毛遂就该自我推荐。

跟对人，首先是看懂人。是千里马，不仅要有一日千里的脚力，而且还要有识人试人的千里眼。在建立个人品牌的同时，一定有许多志趣相投的同事，甚至领导。不同的领导对你的看法、判断，也可以说使用也是不同的。有的是真心诚意，有的是虚伪狡猾，有的是短暂利用，也有的是长期培养。这时就需要你来分析判断，谁才是你的福星，谁将会影响你的发展？相投则近，相恶则远。从每个人的喜怒哀乐，对人态度，处事方式，也就是个人品位和修养方面，都可以看出他的真实面目。

跟对人，其次是选对人。要判断出跟的这个人本身有多大本事，有多大的发展，有多高的位置。是碌碌无为，只知做事的实在人？是吹嘘拍马，好大喜功的浮夸公子？还是脚踏实地，稳稳当当，高调做事，低调做人的聪明人？因为他的高度影响你的高度，他的成长影响你的成长。

跟对人，第三是信任人。不能把他当着神，不会有挫折和失误。不能要求什么都能帮你，啥时都该提你。在他困难的时候，才是检验你忠心的时候，要有同甘共苦的恒心和毅力。信任和感情才是两个或三个知己携手共进的基础。

　　跟对人，不能跟你上面仅一级的人，最好两级、三级，再高可能仅会发挥一两次作用。

　　跟对人，不是拍马屁，不是曲意逢迎，是志同道合、情趣相通、观念相同的知己，要有自我牺牲精神和奉献精神，努力把他推上去，你才会有机会。

　　跟对人，要千万防范别人的嫉妒和阴险的拆分。私下的感情，绝不能带到工作上去。亲近和疏远，体现着你的智慧。

　　不过，寄托于别人总是一时的，寄托于自己才是一生的。鸟儿站在树上，从来不会担心树枝折断，因为他相信的不是树枝，而是自己的翅膀。

四、找到招数

——从群众中集中起来又到群众中坚持下去，以形成正确的领导意见

22. 博弈

博弈是两人在平等的对局中各自利用对方的策略变换自己的对抗策略，达到取胜的目的。

博弈，就是用这种游戏思维来突破看似无法改变的局面，解决现实的严肃问题的策略。在博弈中，每个参与者都在特定条件下

争取其最大利益，强者未必胜券在握，弱者也未必永无出头之日，因为在博弈中，特别是多个参与者的博弈中，结果不仅取决于参与者的实力与策略，而且还取决于其他参与者的制约和策略。事实上，博弈过程本来不过是一种日常现象。我们在日常生活中经常需要先分析他人的意图从而做出合理的行为选择，而所谓博弈就是行为者在一定环境条件和规则下，选择一定的行为或策略加以实施并取得相应结果的过程。

博弈论原是数学运筹中的一个支系，是一个叫纳什的人，利用不动点定理证明了均衡点的存在，为博弈论的一般化奠定了坚实的基础。博弈论的一个案例是囚徒困境，本来是警察与小偷的博弈，结果变成了两个小偷之间的猜疑和比拼，应该说是转移矛盾的经典。设定两个以上同样的组织，开展对标、比较、评比，接下来，

你就隔岸观火，坐收渔利吧！孙子说：治众如治寡，分数而已。分而治之，核心在于信息的不对称。所谓民不跟官斗，也是因为你知道的远远比他少得多、慢得多。

把博弈论当做一个分析问题的工具，用这个工具来简化问题，会使问题的分析清晰明了。

囚徒困境：在博弈论中，含有占优战略均衡的一个著名例子是由塔克给出的"囚徒困境"（prisoner's dilemma）博弈模型。该模型用一种特别的方式为我们讲述了一个警察与小偷的故事。有两个小偷 A 和 B 联合犯事、私入民宅被警察抓住。警方将两人分别置于不同的两个房间内进行审讯，对每一个犯罪嫌疑人，警方给出的政策是：如果两个犯罪嫌疑人都坦白了罪行，交出了赃物，两人都被判有罪，各被判刑 8 年；如果只有一个犯罪嫌疑人坦白，另一个人没有坦白而是抵赖，则以妨碍公务罪（因已有证据表明其有罪）再加刑 2 年，而坦白者有功被减刑 8 年，立即释放。如果两人都抵赖，则警方因证据不足不能判两人的偷窃罪，但可以以私入民宅的罪名将两人各判入狱 1 年。下表给出了这个博弈的支付矩阵。

A/B	坦白	抵赖
坦白	8, 8	0, 10
抵赖	10, 0	1, 1

对 A 来说，尽管他不知道 B 作何选择，但他知道无论 B 选择

什么，他选择"坦白"总是最优的。显然，根据对称性，B也会选择"坦白"，结果是两人都被判刑8年。但是，倘若他们都选择"抵赖"，每人只被判刑1年。在表中的四种行动选择组合中，（抵赖、抵赖）是帕累托最优的，因为偏离这个行动选择组合的任何其他行动选择组合都至少会使一个人的境况变差。不难看出，"坦白"是任一犯罪嫌疑人的占优战略，而（坦白，坦白）是一个占优战略均衡。

有两个故事，能有所启发。

一个是：夫妻俩骑电瓶车，与迎面而来的一个同样骑电瓶车的人擦了一下，那个人摔倒了。夫妻俩看了看，就骑车走了。后来知道那个人死了，来人调查，他俩异口同声说，没有碰到，是那个人自己摔倒的。似乎，天衣无缝，死无对证。后来，那人家里找到了得力的亲戚，警察出面，把夫妻带去调查。把他们俩分别安排到两个不同的地方，开出了条件：同时坦白，赔付死者20万，不起诉。一人坦白释放，一人抵赖，以逃逸罪判刑。两人都抵赖，继续关押。结果，不出半天，就主动坦白交代了。

另一个是：某电厂的一个人，当班长的第一件事就是把班组成员分成两个组，一个组负责设备甲，一组负责设备乙，承包到组，组长负责。结果，因为人的性格、习惯、认知不同，自然化分成两个小组，展开竞争。班长、副班长、技术员机动，拾遗补缺。一个月后，进行了评价和奖励。因为调动了所有人的积极性，设备管理明显好转，获得了很高的荣誉，成为设备管理的典范。在其他班组试验同样收到很好的效果。

现在的家庭，大多是独生子女，唯我独尊，娇生惯养，费尽父母心思。试想，如果有两个或两个以上的子女，这些子女可能会懂事得多，好管得多呀！

博弈论的另一个经典案例是智猪博弈：假设猪圈里有一头大猪、一头小猪。猪圈的一头有猪食槽，另一头安装着控制猪食供应的按钮，按一下按钮会有 10 个单位的猪食进槽，但是谁按按钮就会首先付出 2 个单位的成本，若小猪去碰按钮，大猪先到槽边，大小猪吃到食物的收益比是 9 ∶ 1；同时去按按钮，同时到槽边，收益比是 7 ∶ 3；大猪去按按钮，小猪先到槽边，收益比是 6 ∶ 4。那么，在两头猪都有智慧的前提下，最终结果是小猪选择等待。报酬矩阵可以更清晰地刻画出小猪的选择，如下表所示。

		小猪	
		行动	等待
大猪	行动	5，1	4，4
	等待	9，−1	0，0

在大猪、小猪都是理智的情况下，这种规则，导致小猪选择搭便车的，求得利益最大化。这种现象在现实生活中比比皆是，例如一款大品牌的手机推出后很受欢迎，结果，不长时间及被许多小企业模仿。小企业节省了许多市场宣传和研发费用。团队合

作才能进行工程项目，也存在这种现象，总有一些人，在制度规则中找到漏洞，跟着大猪后面，混日子，随大流，搭便车。调动所有人的积极性也是基层班组提升管理的一个课题。

假如，规则变化一下，按钮就在食槽边上，小猪按或大猪按，都是大猪得7，小猪得3，结果会怎么样？谁想吃就按，不会出现任何竞争。企业领导人应该去制定游戏规则，而不应该单纯地去做裁判。制度应当比个人的权威和魅力更重要。邓小平同志讲过一句话，说一个好的制度可以约束坏人；一个坏的制度呢，可以使好人变坏。一个企业能长期稳定发展的关键是设计制度，用有利于调动各位员工的积极性的激励政策，形成人人争先、敢为人先的精神。

农村有一家养了几十只公鸡，公鸡们在一起，不叫不闹，三五成群，十个一组，相安无事，闲庭漫步，自得其乐。公鸡本来都是好斗的，怎么会跟阉了一样没精打采呢？仔细一看，再一想，似乎有一定道理。原来，公鸡队伍里没有一只母鸡。试想，如果一群公鸡里，有一母鸡或几只母鸡，那会是出现什么情况？男女搭配，干活不累，激发斗志是有方法的呀！关键是找到让他激动的穴位。但对于要卖鸡的人而言，希望它们相安无事，养精蓄锐，增肉增肥哦！

23. 猫和老鼠

过去，贫困时代，老鼠偷粮，威胁主人温饱。主人养猫，对付

老鼠。老鼠也得生存呀，于是猫鼠水火不容，拼命死掐，斗智斗勇，昏天黑地。过去大锅饭时期，企业中，上级安排下级任务，下级会推三阻四，找种种借口和理由逃脱。有人把这种上下级关系也说成是猫和老鼠的关系。现在虽说是市场经济时代，猫和鼠已经成了利益的共同体，一荣俱荣，一损俱损，但在企业中，就具体事件而言，仍然没能理清这种关系，剑拔弩张，猫鼠斗法。其实猫鼠是矛盾的两个方面，是普遍存在的自然现象。过去贫困时，粮食是矛盾的焦点。在现今，利益成为追求的目标。评价与被评价，考核与被考核，都是一对矛盾。就是以后，社会达到一定的高度，也会存在需求和供给的矛盾，除非真的实现共产主义，自觉工作，按需分配。

矛盾是推动社会发展的动力。矛盾并不可怕，关键是怎么舒缓矛盾和解决矛盾。不要把群众内部矛盾变成敌我矛盾，把可调和的矛盾变成不可调和的矛盾。而应该，疏导、疏通、疏散，减少不必要的内耗，找到关键的问题所在，共同努力克服，形成互惠、双赢、多赢的局面。

企业中，工作量与收入是一对矛盾。怎么体现多劳多得，少劳少得、不劳不得是一种方法，更是一种对价值观的认同。人人都在追求少劳多得，这是人性的本质。而老板总是希望用最少的投入获得最大的回报。矛盾的焦点就是利益，怎么化解呢？有一

个故事，一只猫整天就想着逮老鼠，使尽了浑身解数，最后发现还是没有把老鼠消灭光。感叹道，正是，道高一尺，魔高一丈。猫绞尽脑汁，苦思冥想，反复思考，最后终于想明白了，主人的真正目的只是想让粮食不少而已。它找到老鼠，一起开会，商量对策。老鼠必然要吃粮食，粮食总量又不能少，怎么办？只有进的与出的一样才行。那就要猫和老鼠一起去争这部分粮食。老鼠一想，如果不答应，还要回到从前，受猫的欺压，被猫穷追不舍，提心吊胆，战战兢兢，过颠沛流离、躲躲藏藏的生活。那还不如，和猫合作，同心协力，自给自足，快乐无忧的活着呀！于是，和猫达成了妥协，一起种地，一起收获，不但自给，还有富余。主人，对猫的作为大加赞许，很是赏识，多次提拔，给他管理的区域也越来越大……形成利益共同体，锅里有碗里才有，合理分配，自主管理。股份制就很好地解决了这个矛盾。同样承包制，分包制，小分包制，都能化解集体的矛盾。"没事就是本事，摆平就是水平。"

其实，解决矛盾还不能仅仅用完全的、理想的分配制度，对具体的个体来说，相对的公平，合理的奖罚，是可以解决许多矛盾的。许多企业都存在奖罚不公，处罚简单、粗暴的问题。发现质量问题、安全问题、进度问题，不分青红皂白，都是一味地打板子、扣奖金，把小矛盾演变成大矛盾，把小问题变成了大问题。看问题，不能仅仅认为都是工人的事情，都是工人不肯干活，还应该考虑管理问题、机制问题、分配问题。管理上有句话："一个人的问题是个人问题，几个人的问题是领导问题，一群人的问题是制度问题，如果一代人出问题就是文化问题。"

认同感，是社会矛盾的润滑剂。培育认同感是企业乃至社会减少矛盾、维持稳定、和谐发展一项最重要的内容之一。过去，一个家庭，弟兄姐妹七八个，衣服是老大穿过老二穿，老二穿过老三穿……缝缝补补，做成鞋底还要穿。有谁会说，不应该？不同意？不接受？

24. 方向与方法
遇到岔路口，从哪路走，要问头（领导）！要是去征求大家意见，那肯定是七个和尚八样腔，难以定夺。

大海里救人，什么方法，问水手（小兵）！要是去问船长，那会叫你先写安全措施、技术措施，再做好安全防护，人早没了。

在具体的事件中，领导的指示，下属的意见，都应该得到尊重，而如果狂妄自大，目空一切，那离失败也就不远了。马谡在街亭一战中，有三笑：一笑孔明"多心"，他认为街亭这个地方地处偏僻，魏兵不敢来，而孔明煞费心机的安排实在有些多余；二笑王平"真女子之见"，否定了王平提出的"屯兵当道"的良策；三笑司马懿夜来巡哨，说"彼若有命，不来围山"。表现了马谡狂妄自大、麻痹轻敌的性格。这种不理解领导诸葛亮的战略意图，不尊重部下王平的建议，还轻视对手，胜负似乎在瞬间就结束了。

方向与方法虽一字之差，意思却相差十万八千里。一个是高层决策，一个是基层执行。千万不能搞混了，搞错了。对于决策，那是高层领导的事情，他们站得高，看得远，信息全，经验丰富。而对于一项具体的操作执行，没有谁比天天在现场摸爬滚打的人更清楚了。

关于滑铁卢战役，有这样一件事，就是格鲁希奉命带领 1/3 的法军按预计方向追击普军，始终没有发现敌人。第二天早晨，在用早餐的格鲁希元帅听到远处的炮声。格鲁希征求大家的意见。副司令热拉尔急切地要求："立即向开炮的方向前进！"第二个发言的军官也赞同说："赶紧向开炮的方向转移，只是要快！"所有的人都觉得皇帝已经发起攻击。格鲁希却犹豫不决，热拉尔见此急匆匆地说："赶快向开炮的地方前进！"简直像是在下命令。格鲁希非常不快地说，在皇帝撤回成命前，决不偏离自己的责任。

军官们绝望了，大炮声却在这时不祥地沉默下来。艾蒂安·莫里斯·热拉尔只能恳切地请求：至少让他率领自己的部队和若干骑兵去，保证及时赶到。格鲁希考虑了一下，使劲地摇摇手说，再分散兵力是不负责任的，我们的任务是追击普军。军官们沉默了。部队继续往前走。不久，格鲁希也不安起来，普军始终没有出现。各种情报显示，普军已分几路转移到了正在激战的战场。可他依旧顽固的执行命令，没去增援皇帝。结果是，被追击的普军增援了威灵顿，而追击别人的部队，却机械地执行过时了的、没有了目标的命令，并不听部下的一致的建议，最终丧失了绝好的机会。

企业管理中，作为中层领导，既要会领会上级领导的意图，按照领导确定的方针、方向宣传发动，坚决执行，同时要善于倾听群众的意见，在遇到具体的问题时，开好"诸葛亮会"。方向不明问领导，方法不会问群众。领导有着得天独厚的条件，他们有资源，有信息，有经验，能指引方向、指明道路。领导就是领导，应该是取之不尽的财富。当遇到方向性问题时，多问领导，多请教老领导，会获得意想不到的收获。而对于具体的操作问题、技术问题，则应该深入群众，集思广益，广开言路，则会少犯错误，少走弯路。俗话说：三个臭皮匠，抵上诸葛亮。

某电厂的一个部门领导喜欢拍马屁，他知道厂长喜欢锻炼身体，力气大，还会处处表现。一次大修，拆大螺栓，大家都拆不动。部门领导知道了，就去请厂长。厂长二话没说，到现场，抡起大锤就敲，瞬间三个人手指受了伤。俗话说：装龙像龙，装虎像虎。在其位，谋其正。

25. 高→低
有专家学者说，企业的高层用道家思想管理，中层用儒家思想管理，基层用法家思想管理。粗略地看，似乎有一定的道理。

道家是中国春秋战国时期诸子百家中最重要的思想学派之一。历史上道家思想，在中国可谓一波三折。汉朝建立后，由于长期战乱的破坏，在反思秦"苛政"统治思想的基础上，开始选择道家作为治国思想，并造就了一个名为"文景之治"的盛世，之后唐宋时期道家又发展至鼎盛，而且道家思想屡次成为大乱之后治国的急救包。道家提倡自然无为，提倡与自然和谐相处。道家思想的特点是无所不容，无所不包。随着历史的发展，道家思想以其独有的宇宙、社会和人生领悟，在哲学思想上呈现出永恒的价值与生命力。"道生一，一生二，二生三，三生万物。万物负阴而抱阳，冲气以为和。""圣人之道，为而不争。""以其不争，故天下莫能与之争。"发展出以静制动，以弱胜强，以柔克刚，以少胜多等政治、军事方面的战略原则。"道法自然"意思是，道的法则就是自然而然。道本身自然而然；道听任万物自然而然地发展，生长万物而不据为己有，推动万物而不自恃有功，长育万物而不作其主宰。"无为而治"，

统治者顺应自然，效法自然，奉行"我无为而民自化，我好静而民自正，我无事而民自富，我无欲而民自朴"最终实现"道常无为而无不为""为无为，则无不治"。汉初"文景之治"的黄老学思想，一方面它继承了道家的无为政治，提出君道无为、臣道有为的思想，认为"贵清静而民自定"，君主治国掌

握政治要领即可，不要作过多地干涉；主张"省苛事，薄赋敛，毋夺民时"，让百姓休养生息。另一方面又吸取了法家的法治思想、儒家的礼义仁爱思想、墨家的兼爱思想、名家的形名思想等，提出刑德并举，恩威并施，循名责实，赏罚必信，并认为"不争亦无成功"。这种思想是无为与有为的结合，是经世致用之学，在政治上具有了积极进取的精神。

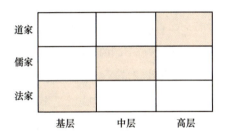

儒家维护"礼治"，提倡"德治"，重视"仁治"。礼治强调，君君、臣臣、父父、子子，贵贱、尊卑、长幼、亲疏各有其礼。"德治"，强调道德去感化教育，进行一种心理上的改造，使人心良善，知道耻辱而无奸邪之心。"仁治"重视人的特殊化，重视人可能的道德发展，重视人的同情心，"人之初，性本善"把人当做可以变化并可以有很复杂的选择主动性和有伦理天性的"人"来管理统治的思想。"仁"是儒家学说的核心，把"仁"作为最高的道德原则、道德标准和道德境界，包含：孝、弟（悌）、忠、恕、礼、知、勇、恭、宽、信、敏、惠等内容，其中孝悌是仁的基础，是仁学思想体系的基本支柱之一。

　　法家主张"以法治国""人之初，性本恶""以刑去刑"，不重

仁知仁知仁知
者者者者者者
壽樂静動樂樂
        山水

视道德的作用。认为人的本性都是追求利益的，没有什么道德标准可言，所以，就要用利益、荣誉来诱导人民去做。"定纷止争"，明确物的所有权；"兴功惧暴"，鼓励人们立战功，而使那些不法之徒感到恐惧。"不法古，不循今""时移而治不易者乱"反对保守的复古思想，主张锐意改革。提倡重法、重势、重术：法是指健全法制；势是指君主的权势，要独掌军政大权；术是指驾驭群臣、掌握政权、推行法令的策略和手段。法家法治中一个最重要的实践就是秦朝的商鞅变法。众所周知，秦原本是一个"僻在雍州"的经济、政治、文化相对落后的小国，无权参与中原各国的事务，常受中原诸侯的鄙视，直至秦孝公重用商鞅开始"弃礼任法"，实行"法治"而使秦一跃成为七国中实力最强的国家并最终实现了"六王毕,四海一"的伟业，可见其"法治"是具有其积极意义的。

企业的组织，也是宝塔形的，一人在上，万人垫底。可以简单地把结构分为高层、中层、和基层。一般情况下，一个成熟的企业，不同层次领导的管理应该是有所区别的。高层需要站得高、看得远，高瞻远瞩，运筹帷幄，适应形势的变化，因时、因地、因势地调整企业的战略目标和前进的方向。中层贵在领会高层的意图，上传下达，保证企业的管理思想、目标能够很好地贯彻落实。基层领导是执行的关键，而基层人员的实际情况又是鱼龙混杂、鱼

目混珠，差异很大，需要用铁的纪律和铁的手段才能达到政令畅通，风清气顺。

　　一个电厂的基层领导，发现员工作业时违章现象严重，甚至无票作业，存在很大风险。他制定了一项不近情理的规定。凡被查到严重违章的，列为"不放心人"，并在一定范围内通报。想改变自己，要申请作为工作负责人开票工作，如果50次工作都圆满完成，可以书面申请取消"不放心人"。结果，有几人受到了处罚，刹住了歪风邪气。为进一步搞好安全工作，他又结合"四不伤害"展开大讨论，讨论安全问题不仅是企业的事，也是影响家庭的大事，希望家庭参与企业的安全管理。最后，成立安全协管会，请部分员工家属定期、不定期到企业参观、座谈，出谋划策，共同保障人员安全和安全生产。在基层，通过一些矫枉过正的方法，对待具体的事情，虽然有些偏激，但从目的和效果来看是管用的、有效的。基层的事，基层解决，只要目的是好的，愿望是好的，方向是对的，并且做到以身作则，公平、公正、公开，一视同仁，即使有点生硬也应该给予支持和帮助。对于能光明磊落，敢于管理，不断探索和有所追求的人，应该多培养、多引导，给机会、给舞台、给资源。从企业的结构、人员的职责和人员情况看，企业的高层用道家思想，在确定战略目标后，思想引领，顺其自然，进行管理比较贴切；中层用儒家思想，克己复礼，以身作则，言传身教，比较准确；基层则用法家的思想，"三大纪律，八项注意"令行禁止，确保任务的完成。

如果反过来，让上层领导天天开课培训，标榜自己，既不现实，下面也不相信；如果严格管理，下去检查见人就训，见天处罚，那这会撵走有用的人才；让中层干部做决策，高不成、低不就，去严格管理，也如隔皮猜瓜，不但难有实效，还会受到绝地反击，影响士气。让基层的领导道法自然，自由散漫，那他是求之不得，结果没人管理，效率极低。让他唠唠叨叨，那就会小和尚念经有口无心。这么说，有两个前提，一是对于人员密集的大企业，二是人员结构相对比较稳定。对于现在的高科技企业，人员素质比较高，人数比较少，要求各级管理人员都要有很高的情商和智商，特别是情商要高，才能有利于团队合作，形成合力，一起解决问题，一起完成任务。即便是这样，也是要求越是基层的管理人员越要从严要求，做黑脸，因为只有基层管理人员才更了解基层人员的思想和品性，才会有针对性的措施，即使言语重了，考核重了，由于低头不见抬头见，相互帮助解决问题，相互依存度高等原因，是容易被理解和认同的。当然，打个巴掌给颗糖，进行必要的安抚，这反映了管理人员的情商和智慧。如果让中层和上层直接进行考核，正如在木板上钉钉子，打出的孔，可能连弥补的机会都没有呀！

道法自然，自我控制，无为而治是管理追求的最高境界；推行教化，克己复礼，德政仁治是管理最常用的方式；有章可依，有章必依，从严治企是管理提升的最初法宝。"不考其源流，莫能通古今之变；不明其得失，无以获从入之途。"

26. 小→大

企业总是由小到大、由弱变强、由零敲碎打到规范化运作，中间会经历不同的时期，制度不断完善，流程不断建立，文化也不断丰富。

做事业不容易，起步阶段做利益、做实惠比较简单，但是达到一定层次后，企业要脱变成大企业、基业常青型企业，就得靠愿景规划，远大理想来提升。赚第一桶金靠的是资源和机遇；从第二桶到第五桶靠坚固的社会平台、稳定的人脉关系；从第五桶到第十桶靠有效的内部管理。很多企业在创业阶段闪光，起步腾飞阶段闪光，但是做大了以后，一夜之间崩溃了。那就是内部管理不到位。中国企业都是做经营、做市场的高手，但内部管理、控制成本方面容易出问题。第十桶金以后就得靠文化。

在企业创业初期，一切都是从无到有、从小到大、从弱到强，这个时候企业"胡萝卜"比较匮乏，绩效考核中使用"大棒"就比较多一些。因此，这个时候管理者就需要特别注意使用"大棒政策"的方法和技巧，在苦药里面放一点糖，治病救人，与人为善，努力帮助落后员工去改进绩效。

企业初创阶段，是打基础、立根本的时候。万丈高楼平地起，基础打得深，高楼盖得高。而人的惰性在开始阶段表现得最为明显，所以说，人之初，性本懒；要他做，制度管。而到了成长阶段，诸事都已理顺，迈入按部就班、循环往复的工作中，这时可以认为，人之初，性本勤；激励他，土成金。企业成熟的标志就是，形成了上下同欲、目标一致、互利共赢和相互配合的状态，人之初，性本善；你和我，一起干。

道家提倡顺乎自然，"无为而治"；儒家提倡德政、礼治和人治，强调道德感化；法家提倡"一断于法"，实行法治，强调暴力统治；三者具有很大的互补性。经过秦、西汉初年的治国实践从正反两个方面证明：在动荡年代，军阀割据，难以用儒家路线实行全国大一统，而法家路线却能收到这样的效果；在动荡结束之初，人口凋敝，生产破坏，应该实行道家无为政治，与民休息，以恢复和发展生产；当国家稳定，走上正常运行轨道之后，不能再实行严刑峻法的暴力统治，而以儒家路线为宜。三者之间表现出了互相融合趋势。

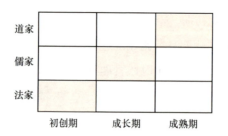

但是，随着企业的稳定和发展，滋生出越来越多的层级，越来越多的大企业病：机构臃肿、多重领导、效率低下，人才流失。国外治疗这种病有名的是 GE 韦尔奇时代。杰克·韦尔奇在接手 GE 时，这家已经有 117 年历史的公司机构臃肿，等级森严，对市场反应迟钝，在全球竞争中正走下坡路。杰克深知官僚主义和冗员的恶果，从他第一年进入通用时，他就已经尝到这种体制的恶果，首先，改革的就是内部管理体制，减少管理层次和冗员。因为太过于强硬的铁腕裁员，杰克被人气愤地冠以"中子弹杰克"的绰号。国内的海尔在发展过程中也发现了类似"大企业病"问题，因此提出了 OEC 管理体系，即"日事日毕，日清日高"——其实核心就是每个人都有自己负责的事项，并且尽量的避免重复劳动。后来的 SBU（战略事业单位）的提出，更倡导"每个人都是一个赢利单位"，如果你不能给企业带来利润，你就要面临危机——实际上，海尔也是这样进行内部竞争的，每个月中层干部都有"下课"，调换岗位，使企业像一头豹子一样，紧凑迅猛而有战斗力。可见，在出现大企业病的时候，要想"中兴"而有所作为的话，从上至下按"法家"思想进行管理，从而提升管理效率，提高企业的战斗力是必要的。

20 世纪 90 年代，一个电力企业，投产初期，新来的厂长很有魄力，为安全考虑，要求全厂戒烟。他提出以部门为单位，主动申请，写保证书，每人每月提一级岗位工资。如果查出有人抽烟，则从当月起，取消该部门所有人员的不抽烟奖励，直至再主动申请并多次验收合格。有一个部门连续两年没拿到该奖项。最终使该企业养成了现场无人抽烟，办公室也无人抽烟的习惯。

27. 公牛是挤不出牛奶的

有效管理的一种常用说法是，胡萝卜加大棒。姜子牙《六韬》说："赏一人而三军悦，赏之；杀一人而三军震，杀之。"大棒意

味着驱赶、压力。有的说没有压力就没有动力，但是，光靠压力管理是远远不够的，压力有时就是一种对无能的承认。

"名正言顺，言顺则成。"正面引导，激励，评比，有时候甚至情商高点都能带来意想不到的效果。

营造轻松愉悦的氛围，创造快乐和谐的环境，对于提高效率，实现目标，完成任务，有着至关重要的作用。

压力要来自内部，来自自己对实现自我价值的一种渴望。内部压力是创造奇迹的源动力。激发个人潜能，不是硬派任务，不是考核扣钱，而是找到他内心所期望的成功，给他条件，给他资源，给他舞台，给他机会，让他尽力尽心地去实现个人的和企业的共同价值。当然，对于缺乏热情、自由散漫的油条，适时适度地给予处理，也可以起到敲山震虎的作用，免得影响所有人的情绪。

胡萝卜是一种奖赏，更应该是一种愿景。马戏团的动物能完成各种动作，是它有得到吃的东西的期待。奖赏是一种肯定，一种鼓励，一种导向，让大家都知道，什么是正确的，什么才是推崇的和提倡的。

古人云："重赏之下，必有勇夫；赏罚若明，其计必成。"他要获得什么你就去奖励什么。曾国藩是一个文人，他把湘军治理成为一支很有战斗力的军队，方法很简单，他认为农民出来卖命打仗无外乎是为了升官发财，对想当官的人：打小胜仗当小官，打大胜仗当大官；对想发财的人：打小胜仗发小财，打大胜仗发大财。把打仗的胜负与士兵的升官发财联系在一起，这就为这支军队注入了活力和生命力。

奖赏是一种激励，激励是一门艺术。功名利禄，温暖体贴，画饼充饥，望梅止渴都是方法。问题是怎么用？有的说：有钱能使鬼推磨，人为财死，鸟为食亡。有的说：大丈夫，不为三斗米折腰。有的说：生命诚可贵，爱情价更高；若为自由故，两者皆可抛。人虽有动物性的需求，还有精神层面的追求。制订长期的战略目标，描绘未来的极乐王国，憧憬壮观的美好愿景。这个大大的诱惑人的胡萝卜，会形成人人向往的终生追求。这个宏伟的梦想，会促使个人和企业努力奋斗，产生不竭的持续动力。调动人积极性的大力量，有钱的力量、情的力量、权的力量和时间的力量。

韩信为功名，派人向刘邦上书说："齐国狡诈多变，是个反复无常的国家，南边又与楚国相邻，如不设立一个代理王来统治，局势将不会安定。我希望做代理齐王，这样对形势有利。"读了信上内容，刘邦十分恼怒，大骂韩信不救荥阳之急竟想自立为王。张良、陈平暗中踩刘邦的脚，凑近他的耳朵说："汉军处境不利，怎么能禁止韩信称王呢？不如就此机会立他为王，好好善待他，使他自守一方，否则可能发生变乱。"刘邦经提醒也明白过来，改口骂道："大丈夫平定了诸侯，就做真王罢了，何必做个暂时代理的王呢？"于是派张良前去立韩信为齐王。对不同的人，不同的需求，有针对的激励和引导，不失为一种有效的策略。过分的、超越常理的激励，不仅达不到效果，有时还会起反作用。太平天国，东王杨秀清，九千岁，可谓一人之下，万人之上，可他仍不满足，竟逼天王洪秀全封他为"万岁"。结果直接导致反目内讧，太平军逐渐衰败。如果一个企业领导，一上任，就连续发钱，后来却越来越少，当他离开时，可能没人说他好话。而如果一开始，是延续上一任领导的方式，然后逐步加大奖励的力度，效果会更好。先苦后甜，比先甜后苦，感觉上要舒服得多。同样，对于考核，如果原来不管理、不考核，松松垮垮，拖拖踏踏，后来突然又严又重，不出现狗急跳墙才怪呢！但如果，一开始就大刀阔斧，敢抓敢管，而后来，温和委婉，和风细雨，一定会凝心聚力，美名远扬。

胡萝卜加大棒、恩威并施是管理的常用手段。挤压有挤压的力度，引诱有引诱的尺度。一味的挤压不仅得不到牛奶，还可能鸡飞蛋打。一味的激励奖赏，只会导致贪得无厌。两者协调配合起来，张弛有度，缓急有数，虚实有务，轻重有据，相得益彰，会取得奇妙的效果。

在统治劳动人民的方法上，子产第一个提出"宽"、"猛"相济的策略。"宽"即强调道德教化和怀柔；"猛"即严刑峻法和暴力镇压。后来，儒家主要继承和发展了"以宽服民"，法家主要继承和发展了"以猛服民"。孔子评价说："好啊！政令宽大民众就怠慢，民众怠慢就用刚猛的政策来纠正。政策刚猛民众就受伤害，民众受伤害了就施与他们宽厚的政策。宽厚用来协助刚猛；刚猛用来协助宽厚，政治这才得以和谐。"

28. 1：3

"身是菩提树，心如明镜台；时时勤拂拭，勿使有尘埃。"有尘埃吗？有，还有雾霾了！怎么扫？怎么扫效率最高，效果最快、最好？冰山理论说，一座漂浮大海上的冰山，露在水面以上能看到的是小的，而埋在水下的才是大的，也是最危险的！我们企业中的很多问题也是这样。表面看，繁花似锦、生机勃勃，一尘不染，其实越是远离领导视线的地方，

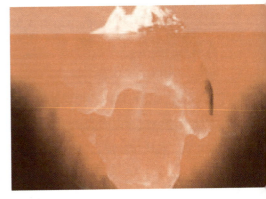

灰尘越多，问题越多。就得时时勤拂拭，勿使有尘埃。

一个人的力量是有限的，各级各层都应该，甚至主动出击，去发现问题，处理问题，把问题消灭在萌芽状态。现实的许多企业特别是企业的基层是什么样的呢？做红脸的多，做黑脸的少；和稀泥的多，敢管理的少；应付的多，认真的少；被动的多，主动的少。导致管理呈现出一些畸形。上面说一句，下面传一句，甚至传丢了。上面处理考核一次，下面落实一次，更有的是大家平均分了。上面宣传发动半天，底下毫无动静，就像一颗石子落入大海。究其原因还是企业的中层领导怕得罪人、怕惹火烧身、怕吃力不讨好。一句话，怕担责任。而且，处于这个中间位置，确实便于躲藏，便于隐蔽，易于踢皮球。成绩是领导的，责任是下面的，夹在中间成传话筒就行了。没有中间强有力的支持和发力，脚是抬不起来的，而要让球踢进球门，还要靠脚踝和腰部的肌肉。有聪慧的头脑，有结实的身板，有灵活的四肢，活动自如，效能最大。用这样的一套思想处理企业的管理松散现象，才会牵一发而动全身，形成事事有人负责，事事有人管理，处处有人监督的局面。

　　这种理论可以叫扫把理论。一根杆柄带上百根竹条一起动作，才能快速地扫除地面的树叶、草茎和垃圾。上头小，下面大，分级负责，按比例扩展，分块包干，按效果说话。

　　其实，对于基层的问题，基层自己最清楚，什么考核不落实的问题；学习培训流于形式的问题；解决问题敷衍了事的问题；班组之间推诿扯皮的问题；对涉及外部事务时吃拿卡要的问题等。

虽表面看起来，不伤筋骨，不碍大事，但如果树根全烂了，树还能成活、开花结果吗？

　　安全问题，尤其是高风险的化工、能源、制药等可能危及广大人民群众生命和财产的事故必须得到控制。对于企业安全的风险和存在的问题，也是越在基层知道得越清楚。这些隐患不重视、不排除，不管控，日久天长，日积月累，迟早会发生像中石化在青岛发生的大事故。对于这些企业的领导，不妨反思一下自己的管理，在哪出了问题？是自己不重视，中层不重视，基层不重视？是自己不努力还是中层不努力基层不努力？是管理问题还是监督问题？是知识问题还是技能问题？不管怎么样，如果你能做到，从严管理，层层分解，层层负责，层层落实，也不至于这么严重。在日常检查中，作为上级领导，如果发现一条违章，让他直接管理的下属发现三条以上；他处理一条，他直接管理的下属处理三条以上。这样利用扫把理论，拓展开来，还会有清理不掉的坏习惯和坏毛病吗？对于哪根枝条折了、短了、不起作用了，可以做到掐掉，扔了吗？

　　这话说起来容易做起来难。历史上影响最深，也是最严的法律，莫过于商鞅变法，实行什伍连坐法：禁止父子兄弟同室而居，凡民有二男劳力以上的都必须分居，独立编户，同时按军事组织把全国吏民编制起来，五家为伍，十家为什，不准擅自迁居，相互监督，相互检举，若不揭发，十家连坐。毛泽东的评价：商鞅是首屈一指的利国富民伟大的政治家，是一个具有宗教徒般笃诚和热情的理想主义者。商鞅之法惩奸究以保人民之权利，务耕织以增进国民之福力，尚军功以树国威，孥贪怠以绝消耗。此诚我国从来未有之大政策。商鞅可以称为中国历史上第一个真正彻底的改革家，他的改革不仅限于当时，更影响了中国数千年。

　　严明的纪律，严厉的考核、处罚就能起到规范、约束整齐划一的作用，提高执行力，提高战斗力。孙武，领兵打仗，战无不胜，五战五捷，率兵3万打败60万楚国大军，与他斩姬练兵、纪律严明不无关系。但处罚、考核毕竟影响锐气，不利团结，属于阴招，不该成为主流，不能阴云密布，人人自危，到万不得已时才能使用，而且要与正面引导相结合。

29. 杀熟

　　出现差错，在公开场合，拿亲近的人出气，用熟悉的人开刀。

　　一来，可以避免任人唯亲的疑惑；二来，可以促进对公平的认同；三来，可以促使亲人、近人、熟悉的人对自己要求更高，成长更快，能力更强，出路更多。

　　对亲近的小圈子，得明严暗拢，树立团队形象。李逵在宋江团队中发挥了极其特殊的作用，利用鲁莽的性格为宋江争名争利，为团队争待遇、争利益，还要让宋江做皇帝。一到关键时候，就扮演黑脸的角色，为领导扮演红脸的角色留出了更广阔的空间和余地。宋江特别喜欢他，走到哪都带着他。越是亲信越不能亲近，管好自己身边亲信的人，有一个管理原则，叫近严远宽，先严后宽。近严远宽就是对身边的人以严为主，对基层的同志你可以宽一些，纵容一点。身边的人，亲近的人，经常在一起，有感情，易理解，重一点轻一点没关系。但要注意这些人会出事、出大事，他会没大没小，肆无忌惮，影响领导形象，扰乱管理秩序。对这类人得立规矩、立天条、讲道理、讲理想。对基层同志，难得一见，即使发现有毛病，也要给温暖、温和的提醒。有些领导下去检查，即使发现问题，也是和风细雨，和蔼可亲，关爱有加。但回来后，训他们领导。李逵犯了事，宋江是怎么对他的？宋江召开全公司干部大会，在会上当众批评李逵：重大活动不守纪律、拍桌子、瞪眼睛，藐视制度，藐视领导，推出去斩首。真的会斩？那是演给别人看的。吴用带人一求情，就算了。死罪可饶，活罪难免，写检查，当众念，让大家评判过不过。一下子就把那些近的远的，要脸要面子，不要脸不要面子的全镇住了。不但收住了一个李逵，又敲山震虎，树立了威信。

这一招，虽有奇效，但不能瞎用、乱用。如果是当着众人的面，训斥林冲、武松这些爱面子的，那就会出大事了，不但起不到效果，还会起反作用。对这类人，得借力打力，指桑骂槐，敲山震虎，说明不点名，点到为止，聪明人一点就透。

对亲近的人要严，要不留情面，那是在绝对信任的前提下，导演的一出杀鸡给猴看的话剧。背后的安抚，甚至是待遇是必不可少的。杀熟，说到底是一出表演，如果真的杀熟，那就真的失去人心了。对于密圈内和作为门面的人是不能"杀"的，必须给予必要的尊重。

而对大圈子，大企业，得明拢暗严。明拢，给待遇由远及近。让很远的、默默无闻的都能感受阳光、感受温暖。最著名的例子要算刘邦定汉之策之一：封雍齿。刘邦定天下以后，功臣、群臣都急着要待遇、要功名。但刘邦又没时间精密衡量，不能每个都给。刘邦没办法，只有问张良。张良乐了，说："主公，此事好办，你封一个人就行了。我问你，咱们的队伍里你最恨的人是谁？"刘邦说："我最恨的是雍齿。"张良说："那就封他。"刘邦真封赏了雍齿。封完雍齿以后，取得了震撼性效果。所有的团队成员，都得到一个信息：连雍齿这样的烂人他都能封候，咱们功高盖世，有那么多的贡献，还急什么？马上所有人都安定了。试想，一个出成绩的领导一定得罪不少人，也一定拥有很多追随者。当你走上新的更高的岗位时，是打击报复，人人自危，还是借鉴刘邦的行为，封赏那个你最恨的人？仇用恩报，不仅能展示你的大度，团结忌恨你的人，而且更能激发跟随你的人的希望。

暗严，重在基层的管理。越是基层，越是鱼龙混杂，良莠不齐，不管，则鸡飞蛋打，乌烟瘴气。推动各级管理人员，尤其是基层、特别是班组的兵头将尾们，要严格管束，打牢基础、基层、基本功。

相反，如果在小圈子里"护短"，任人唯亲、唯近，妒贤嫉能，在大圈子里，明严暗拢，则小人得志，后果可得掂量掂量。

某电厂一个领导，在大会小会上总是批评自己原来班组、原来专业、原来部门的人，考核也是从不手软。在分奖励时，也总是把他们排在后面。可从这个班、专业、部门出去的人才，却比别的地方多得多。

杀熟，用好了，和谐共赢；用不好，众叛亲离。在真与假，阳与阴的拿捏中体现一个人的智慧。

30. 推诿扯皮

以推卸责任为目的，进行毫无必要地争论。这种现象在现实生活中比比皆是、处处都有，特别是一些政府部门，还特别严重。新华评论上面说道：一块挡道楼板，4个部门4天没搬走；一辆翻斗车偷运垃圾，两个部门"两不管"；一道红线分界，地下通道里"这边不再管那边"。这就是经常出现的推诿扯皮现象，日常生活中有时候也能遇到。结果是该管的事情没有人去管，出现了管理真空，导致政府形象、百姓利益受损。评论上说："推出去的这些事，只会给惹麻烦而不会带来利益；对于有利可图的事情，各个都很积极，就像抢篮球一样；对于无利可图、甚至要承担责任的事情，就变成了踢足球了"。正如一位干部所言，管了，就是"揽了"，一旦出问题要问责，谁来承担责任？推诿扯皮就是典型的不作为。另有报道，一个人，出国办签证手续，来来回回跑了好多趟也没办下来。还有，为办一个公司，得几个月，盖几百个章等。

在企业中也或多或少、或大或小的存在着，给企业的高效运作带来不小的损失，特别是一些大公司，人浮于事，职责划分不清，权限设置重叠，再加上，明争暗斗和好事者主观臆断，想浑水摸鱼，从中渔利，搬弄是非，推波助澜，简单的问题也会复杂起来。给公司造成很大的内耗，外表风光无限，内部没有效率、效果、效能，导致企业积重难返，步履维艰。究其产生的原因，第一，是职责不清、职能不清、职权不清、界限不明。第二，没有相关的制度，或者有制度不执行，管理松懈。第三，没有相互包容的文化，各行其道，公说公有理婆说婆有理，都有道理，都在按章办事。前面两条容易理解也容易纠正，很多企业通过加强管理，严格落实，都能做好。只有第三条，涉及人的主动性、自觉性行为，需要一个管理上更高的境界。

国家的边界很难区分；部委的职能难以划清；企业部门班组职责矛盾重重，这是一般的普遍现象。历史是瞬息万变的，地球是不可切割的，事物是普遍联系的。国家因为边界而摩擦；部委因为职能而争斗；企业部门班组因为职责而推诿扯皮。高铁因为天气等原因延误，而与之相配套的地铁是按部就班，这中间的界限是如此明显，就因为分属不同的部门，谁也管不了谁。

企业内部管理中的推诿扯皮现象不仅普遍存在，而且是影响企业运行的一个最内耗、最顽固、最隐蔽的疾症。

看《亮剑》，你会发现一个推诿扯皮的高手，就是李云龙，在跟友军摩擦中，也绝不吃亏。帮楚云飞把一个叛军解决了，不退还一个装备；把国军大孤镇围了，说是师部演习，自己不知道。精明的像土财主，有利就占。从一方来说，是占了便宜，而从国家整体来看，毕竟是内部事务造成了一定的内耗。

企业从小到大，从投产起步到成长成熟，都有一个磨合、融合，到结合的过程。在初期刹住扯皮风、推诿风非常重要，就如河流的弯道，起初总是会奔腾变道的，一旦确立以后，它就会顺畅流淌。培育认同感，增强互信心，是企业管理文化建设的重要内容。认同可以忍让，可以迁就；互信可以解除戒备，同心竭力，携手共进。但在升迁、谋利的驱使下，竞争无处不在，矛盾陪伴左右。作为企业领导，要充分认识到推诿扯皮的普遍性、复杂性、破坏性和整治的艰巨性。

以结果论成败，用成绩评绩效是一个解决管理瓶颈阻塞简单高效的方法。坚持闭环管理，及时发现端倪。当问题得不到很好的解决时，严肃追究责任。有个电厂，对推诿扯皮很有办法。首先是首问负责制，只要有缺陷、有问题，先到谁那里，谁就首先负责，并一杆到底，直至这项事情结束。其次是严格落实责任：对完全清楚责任的，按推诿处理；对不能分清的按扯皮对待，二八开、三七开、四六开、五五开，落实责任，模糊推进，推动一荣俱荣、一损俱损的利益导向，营造以目标管理为终点的价值取向和共识。

某电厂领导，在企业中提倡"四同"文化，同甘共苦、同心协力、同舟共济、同心同德！部门领导可以介入其他部门事务，只要是为了企业的整体有利的，大家都得支持，都得配合。如此则逐步形成了整体观的文化氛围。相互补台不拆台，相互尊重不放纵。

31. 一个萝卜搭块糕

南京人都说自己是大萝卜，直白，泼辣，没心眼。而有的地方人却是，两面三刀，甜言蜜语，阴阳怪气。企业都想用全面、综合、高素质的人才，可这类人又有多少呢？很少很少！因此，在用人方面不能求全责备，追求完美。把合适的人用在合适的地方，一个萝卜搭块糕，也许是比较好的选择。就任用各层的领导而言，要求德才兼备，诚实守信，能力出众的也在情理之中。互补、认同、谦和也是企业必须培育和凝炼的一种文化。当然，对于极端的不求上进、惹是生非、屡教不改的也应该快速处理，不留后患，不能"一泡鸡屎坏了一缸酱"。

在搭班子方面，搭小班子要数《西游记》，搭大班子得看《水浒》。《西游记》中，唐僧师徒四人加一匹白龙马，历经千辛万苦，取得真经，修得真果。唐僧有追求、有资源，志向远大，目标明确，愿景美妙，还有控制力（紧箍咒）。孙悟空才智超群，披荆斩棘，开拓进取。猪八戒是能吃能喝，诙谐幽默，乖巧灵活。而沙和尚纯粹就是个干活的料，勤勤恳恳，踏踏实实，本本分分。白龙马是领导的司机小帅哥。既有目标，又有控制力；既艰苦辛劳，又轻松愉悦；降妖除魔，波澜不惊。再看《水浒》，一百单八将，核心圈是有远见、情商高、会管理的及时雨宋江；武艺超群、稳重厚道的玉麒麟卢俊义；大智若愚、谋略超群的智多星吴用，还有口若悬河、能演会装的朱武，接下来是身怀绝技、武功盖世、忠勇无比的一帮骨干，还有一批特长生，什么"浪里白条"、"神算子"、"九尾龟"、"金毛犬"、"鼓上蚤"等。有将门之后，有公务员出身，有老师、有官吏、有和尚、有道士，有市井商贾，有地痞无赖，有鸡鸣狗盗，参差不齐，鱼龙混杂，就是这么一群人，令正规军胆寒，让外藩臣服，叫方腊伏法。其中，有关键的几个人，值得品味。替心的吴用，一到关键时间就能出来解决问题，一到一把手有困难就能拉兄弟一把。三打祝家庄时，宋江死的心思都有了，吴用献上计策，转危为安；为宋江和卢俊义争坐头把交椅而攻打东平府和东昌府的时候，吴用明帮卢俊义，暗帮宋江，一举奠定了宋江的地位。另一个则是又鲁又忠又直，能在关键时候替嘴的李逵，他敢在班子成员、竞争对手、上级领导、下级群众面前，把一把手想说不好说，想做不能做的事情说出来、做出来。他做黑脸，领导就好做红脸了；他做小人，领导就做君子了。宋江让位给卢俊义，李逵第一个站起来反对；朝廷招安给宋江待遇低了，李逵首先不让。特殊时期,特殊人才才能办漂亮的事情。闲者在上，能者居中，工者居下，智者在侧！

其实，一个企业的员工中各种人才都会有。慧眼识英才，狗眼看人低。那里面会有善于营销的，勇于创新的，持重老练的，敢于管理的、见风使舵的，踏实厚道的，搞笑风趣的……根据需要，团队精神，合理搭配，发挥特长，优势互补，形成人人争先、队队夺旗，那时，离创造奇迹的时候也就不远了。

企业中的搭配也很有讲究。特别是一把手，要德才兼备，明察秋毫，拥有权威，深得民心，目标远大，知人善任。一把手说一不二，二把手说二不一，三把手说三道四，四把手是是是。每个人，岗位不同、责任不同、视角不同、信息不同，想法也会不同。就要求二把手、三把手，到位不越位，会补台，不拆台；会宣传，不争功；会服务，不谋权；讲大局，顾场合。看梁山的二把手吴用，即使变成三把手也是不争功不夺利，不抢位不结派，不卑不亢。就是这么一位，出道最早，中途耀眼，混到最后，把宋江等送上归路。

东晋南北朝时期,宋、齐、梁、陈,几乎都是短命王朝。究其原因，其中一条该是，主无德无能，仆无仁无义，君臣无纲，相互猜忌，互不信任，导致权力失控，父子反目，叔侄追杀，内斗内耗，国力衰微。

搭班子，带队伍。知人善任，合适的人用在合适的地方。即使是小人物，宋江也能明察秋毫，安排合情合理。陶宗旺以前是开砖厂的，平时就爱使个烧砖铲土的大铲子，好，就安排你管修筑城墙的事务，还安排了杀猪头领"操刀鬼"曹正、造醋头领"笑面虎"朱富、缝纫头领"通臂猿"侯健。

32. 母鸡带小鸡

小时候经常看到，一只母鸡带着一群小鸡，浩浩荡荡，大摇大摆，招摇过市，可是，一旦遇到狗，就会立即张开翅膀，护住所有的小鸡。

它的翅膀就是保护伞，翅膀的区域就是保护的范围。有了这个保护区，小鸡就有了安全感，才能茁壮成长。即使这样，最后能长大的也不是很多。

翅膀的区域是有限的，保护的能力是有限的，能带的小鸡数量也是有限的。汉高祖刘邦只能带十万人，只有淮阴侯韩信敢说，多多益善。

楚汉相争时的项羽，霸王加身，目空一切，可谓盛极一时。比较一下刘邦和项羽每个人手下的人才，就会发现，一个人的力量是有限的。刘邦手下人才济济，有理财的萧何、有出谋的张良、有无敌的韩信，有拼死的樊哙，有稳重的曹参，有低调的陈平……而项羽呢，有一个谋士范增，还被他赶跑了，就他一个人带着大队人马去平齐国，结果老巢徐州被刘邦端了，又回来斗刘邦。齐国又出事了，没办法，他认为没有能独当一面的人，最后无奈的且是唯一的派出一个大将龙且救齐，还被韩信灭了精光。犹如困兽一样东跑西撞，实在累了，想楚河分界，回徐州休息，被拦截在了乌江。项羽是典型的靠一个人能力起家，一下蹿红，一夜暴富，有土地、有财产、有人口，就是没有人才。没有人才，就没有管理，犹如一盘散沙，没有任何战斗力，光靠一个人的力量，乃匹夫之勇。韩信曰："项王暗恶叱咤，千人皆废；然不能任属贤将，此乃匹夫之勇耳。项王见人恭敬慈爱，言语呕呕，人有疾病，涕泣分食饮；至使人有功，当封爵者，印刓敝，忍不能予，此所谓妇人之仁也。"

三国时期，先后粉墨登场的主角，董卓只有吕布，成也吕布败也吕布，迅速败亡；袁绍本是实力雄厚，结果自己的谋士许攸跑了，官渡之战，一败而亡。曹操，收买的谋士和干将是数不胜数；刘备迅速崛起，靠的是什么，也是人才，诸葛亮、庞统、刘巴、李严及五虎上将，可到最后，可怜的也只有说"蜀国无大将，廖化当先锋"。早也没有了以前的锐气，还怎么收复中原？再看看东吴，出了个人才周瑜，又早死，鲁肃、吕蒙、陆逊，稀稀拉拉等也没成气候。

一个班组的班长能带的员工数量是有限的，部门、企业领导能管理的人员也是有限的。军队中一个军三个师；一个师三个团，一个团三个营；一个营三个连，一个连三个班，一个班三个

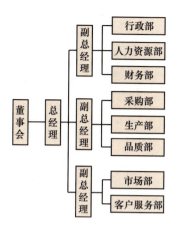

组，一个组四个人。企业的组织结构设计应该有一定的科学规律。一味的扁平化，不一定能提高效率，有可能事与愿违，适得其反。有的电厂，检修搞大班组制，一个班四五十人，一个组近二十人，试想在靠一两个人就能解决问题的状况下，这种结构能有效率吗?

　　管不起来的核心问题是管理人才不足，特别表现在企业的扩张阶段。很多新的企业，盲目扩张，贪大求量，取得一时的辉煌，结果是千疮百孔，漏洞百出。有一个企业开始只做起重安装，逐步进行锅炉的检修安装，最后到接电厂整套机组的安装。还跨行业进行轮胎加硫机的安装，甚至自己制作加硫机。管理跟不上，人员留不住，安全出事故，质量搞不好，举步艰难，步履维艰。

　　有了精干的组织，又有能完成组织使命的人才队伍，对于实现目标管理，承包到组到人，激发每个人的积极性，会有巨大收获。

五、掌控尺度

——学会把握分寸、火候，防止
　　"过犹不及"

33. 两分法，三分法……

"一分为二"是毛泽东同志对对立统一规律的通俗概括。认为对事物要采取辩证的分析态度，既要看到积极的方面，又要看到消极的方面，不能以偏概全，攻其一点不及其余。概括得有道理，也通俗，人多能道之。但这个概括却有一定局限性偏重强调矛盾双方的对立、斗争这一方面，弱化双方的互相贯通、互相渗透、互相依赖即同一性的一方面。这就容易造成"在绝对不相容的对立中思维"，造成"不同即敌对"的思维模式。

凡事都是一分为二的，有好的就有坏的，有长的就有短的，有美的就有丑的——"矛盾是对立统一的"，"不是东风压倒西风就是西风压倒东风"。对立统一，对立转换，对立融合。其实，事物相互矛盾对立的极端状态并不占大多数。

哲学大师庞朴先生花了极大的气力论证"一分为三"，就是想告诉人们这样一个道理：认识和处理事物，"三分法"比"二分法"要好，它可以改变"非此即彼"的简单选择方式。试想，政治决策者若少了那种"翻烙饼"式的折腾，那将给社会和人民带来多大的福祉啊！这便是庞朴建构"一分为三"哲学体系的真实用意。

在中国古代，一分为三的说法虽然没有被明确提出，但是，一分为三的观念却一直贯穿于中国传统文化的各种典籍之中。《老子·四十二章》就明确指出："道生一，一生二，二生三，三生万物"；《史记·律书》也说："数始于一，终于十，成于三"。在古代，"三"

的繁体字"叁"又通于"参","参"就是"参与",即第三者参与到矛盾双方之中来,对矛盾双方进行调和、沟通和转化工作。事实上,《易经》中的"阴阳交错"思想,儒家的"中庸"、道家的"守中"、佛家的"中道"以及名家提出的"鸡三足""黄马骊牛三",都是一分为三观念的具体体现。

"三分法"的最初发展就是创立了太极理念,建立了易经思维,我们讲到太极八卦,常会说"一分为二,亦一亦二,二合为一"。阴阳如同正反,能够分辨得出,但是分不开。中国人自古知道只有阴阳互动才能有运动,自然万物才会有发展,没有互动,没有发展就是死亡的深刻道理。

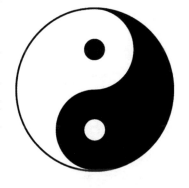

在西方的哲学家那里,一分为三观念也处处体现在他们的主要观点和论述之中。亚里士多德曾说:"过度和不及都属于恶,中道才是德性,……是最高的善和极端的正确"。他进而列数道:在鲁莽和怯懦之间是勇敢,在放纵和拘谨之间是节制,在吝啬和挥霍之间是慷慨,在矫情和好名之间是淡泊,在暴躁和蔫弱之间是温和,在吹牛和自贬之间是真诚,在虚荣和自卑之间是自重,在奉承和慢待之间是好客,在谄媚和傲慢之间是友谊,在羞怯和无耻之间是谦和,在嫉妒和乐祸之间是义愤,在戏谑和木讷之间是机智……

和亚里士多德的区分两极与中道的平面而静态的三分办法不同，黑格尔更进而提出发展得正、反、合规律。黑格尔的庞大体系，便是用正反合的三分办法螺旋上升而构筑成的。

长期以来人们往往习惯于二分法思维。二分法具有明快、简洁的长处，但是也容易造成许多僵硬的习惯和谬误。

哲学大师庞朴提倡三分法，便是对二分法的匡正和补充，对革新思维方式大有助益。依照世界的真实三分地去观察世界和处理问题，即为三分法。三分法并不认为妍媸各半，始为美人；恶并斥，便称德行。三分法有别于二分法的关键，在于二分法思维见异忘同（只见对立不见统一），志在两边（两端，两极），而三分法则兼及规定着两个相对者的那个绝对者。绝对者，可以说是三分法的第三者，必须捉牢主宰相对者的那个绝对者，方能驾驭两极，游刃有余。以行路为例，左一步，右一步，这是表现出来的相对两极；两极之间，有不作独立表现的绝对者存在，那就是方向。这个方向，规定、协调、控制着步伐，把自己的"体"体现在左右步伐的"用"上，二分法里，没有给绝对者留出位置，在三分法上，它则受到特别重视。受西方思想文化的影响，一些人的思维方式越来越趋于源自西方的"二分法"。也就是在分析事物、解决问题时，一分为二地把客观事物的本体分成对立的两部分，最后的判断结论不是这个，就一定是那个。表面上看，这种思维方式简单明了，黑白分明，对人们正确认识和解决问题有很大帮助，但这种"二选一"的结果往往使人的思维趋于僵硬和极端，易失去以新的视角，在新的层面上分析解决问题的机会。

一分为二有个好处，就是使得你对一个笼统的、囫囵的、混沌的那个"一"做些非常明晰的划分。不能只见其一，不知其二；同时，不能只知其二、不知其三。分成对立的"两"还是一个不稳定的状态，只有把它变成"三"以后才是最稳定的。就是说，在一分为二之后，还要合二而一。这个合成的一，已是新一，变原来混沌的一而成的明晰的一。在儒家，叫做"执两用中"；在道家，叫做"一生二，二生三"，或者叫"得其环中，以应无穷"。

为了同非此即彼的一分为二的思维方法相比较，也为了同西方哲学中近似的论断相呼应，我们也可以称这种中国式的思维方法叫一分为三。

用三分法思维，找出矛盾和相互联系的内在关系，划分出不同的群体，判断出不同的状态，得出不同的结论，对于判断现象、发现问题，解决矛盾，处理关系都有着极大的裨益。

34. "0-1"

0和1是计算机二进制的两个数码来表示的数，二进制是计算技术中广泛采用的一种数制。它的基数为2，进位规则是"逢二进一"，借位规则是"借一当二"，由18世纪德国数理哲学大师莱布尼兹发现。当前的计算机系统使用的基本上是二进制系统，数据在计算机中主要是以补码的形式存储的。

　　0 和 1 是状态。在社会生活中，0 和 1 的现象普遍存在，很多人存在偏执思维，认为不是成功就是失败，不是 1 就是 0，"不成功便成仁"。孩子上学要最好的学校，考试要拿第一，参加比赛必须成功。其实，0 跟 1 没有那么重要。能站在领奖台上的有几个人？能够说成功的企业又有多少？绝大部分都在中间。中间就意味着生存，中间就意味着空间，中间就有希望。据统计，最著名的专家学者许多在中学时并不出类拔萃，而都在中上游水平。

　　水至清，则无鱼。什么都不是绝对的，也不应该是绝对的。再认真的领导也不应该把所有事情绝对化，不出任何差错。太严肃的领导，你会发现，没有多少追随者；太宽容的领导，你会发现有很多平庸的下属。是人总会犯错误，要看他犯什么样的错误，什么性质的错误，影响有多大的错误。包容、修养是大领导的必修课。当然，在允许范围之外，也必须通过强有力的手段，去避免再次发生。中庸让你站稳脚跟，认真让你获得成功。

　　"0-1"是规划，是决策变量仅取值 0 或 1 的一类特殊的整数规划。在处理经济管理中的某些规划问题时，若决策变量采用"0-1"变量即逻辑变量，可把本来需要分别各种情

况加以讨论的问题统一在一个问题中讨论。"0-1"变量可以数量化地描述，诸如开与关、取与弃、有与无等现象所反映的离散变量间的逻辑关系、顺序关系以及互斥的约束条件，因此"0-1"规划非常适合描述和解决如线路设计、工厂选址、生产计划、人员安排、代码选取、可靠性等人们所关心的多种问题。实际上，凡是有界变量的整数规划都可以转化为"0-1"规划来处理。

0-1是过程。0是开始，1是结果，从无到有，从一个状态到另一个状态，从一点到很多点，直到达到自己的目标，犹如爬楼梯，从0到1，再从0到1……

0-1是突变。突变论是研究客观世界非连续性突然变化现象的一门新兴学科，自21世纪70年代创立以来，十数年间获得迅速发展和广泛应用，引起了科学界的重视。主要特点是用形象而精确的数学模型来描述和预测事物的连续性中断的质变过程。突变论是一门着重应用的科学，它既可以用在"硬"科学方面，又可以用于"软"科学方面。突变论与耗散结构论、协同论一起，在有序与无序的转化机制上，把系统的形成、结构和发展联系起来，成为推动系统科学发展的重要学科之一。特别适用于研究内部作用尚属未知、但已观察到有不连续现象的系统。在自然界和人类社会活动中，除了渐变的和连续光滑的变化现象外，还存在着大量的突然变化和跃迁现象，如水的沸腾、岩石的破裂、桥梁的崩塌、地震、细胞的分裂、生物的变异、人的休克、情绪的波动、战争、市场变化、经济危机等。突变论的研究内容简单地说，是研究从一种稳定组态跃迁到另一种稳定组态的现象和规律。

对哲学上量变和质变规律的深化，具有重要意义。突变论认为，在严格控制条件的情况下，如果质变中经历的中间过渡态是稳定的，那么它就是一个渐变过程。质态的转化，既可通过飞跃来实现，也可通过渐变来实现，关键在于控制条件。两个状态，看似简单，其性质已经发生了质的变化。一个城市昨天还是国军的，今天就被共军占领了。从一个稳定状态变到另一稳定状态的"突变"过程中，也如电子电路中出现的暂态一样，也有着振荡变化的过程。陈云带领队伍接管沈阳，堪称共产党接管大城市的经典，一天通电，五天恢复生产。在这一看似"突变"的过程中，怎么做到迅速、稳定的呢？十六个字"各按系统、自上而下，原封不动，先接后分。"战争中，要取得主动权，要突出一个"奇"字，出其不意，攻其不备，声东而击西，让对手摸不清状态，从而达到制胜的效果。例如，官渡之战、淝水之战、赤壁之战等以少胜多、以弱胜强的诸多战役，都体现了"奇"即突变的思想。而对于需要稳定的状态而言，为防止事态突然发生措手不及，就会特别强调应急预案、应急演练和应急处置。

作为一个企业，也会遇到很多突发性事件，用突变论的观点，做好预案和应对措施，努力把突变变成渐变，减少矛盾、减少损失，使整个状态逐渐趋于稳定，是非常重要的一项管理内容；同时，可以把遇到突发事件及处置过程作为评价各级管理人员的一次机会而利用。抓住事件本身，"四不放过"，查找原因，追究责任，制定防范措施；抓住应急预案漏洞，进行补充完善：抓住管理失误，进行批评教育。总之突发性事件是一次提升管理绝佳的时机，善于把握，采取主动，立竿见影，事半功倍。而作为个人，把 0 当成开始，把 1 当成目标，力求达到渐变的过程。心理上理解为本身一无所有，瞄准目标，甩开包袱，轻装前行。到中间时，或遇到干扰时，不气馁，不妥协，不急躁，稳步推进，波浪前进，螺旋上升。不过，激烈的突变往往会造成突破，温水能把青蛙煮死。

如果一个人连梦想都没有，那就不是始终会在中间，而是离垫底、淘汰不远了。但如果，只盯着 1，总想着成功，负重前行，结果会步履维艰，事与愿违。刘备一心为关羽报仇，不听众臣劝阻，起兵讨伐东吴。愤而不谋，催兵猛进，结果被东吴大将陆逊用计火烧七百里军营，而败于夷陵猇亭之地。

35. 大多数——概率

自然规律中许多都符合统计规律，即正态分布。它也成为我们寻找和分析主要矛盾的一种观点。模糊数学，概率统计方法，是分析的关键技术方法。

在道德、文化、法律等方面应遵循大多数意见。而长远的战略、方向、理想则有句名言："真理往往掌握在少数人手里"要时间来检验。

正态分布（normal distribution）又名高斯分布（gaussian distribution），是一个在数学、物理及工程等领域都非常重要的概率分布，在统计学的许多方面有着重大的影响力。

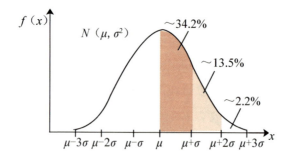

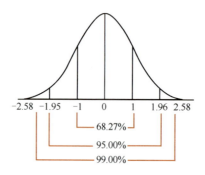

　　正态分布的概率密度函数曲线呈钟形，因此人们又经常称之为钟形曲线，两头低，中间高，左右对称，曲线与横轴间的面积总和等于1。正态分布也叫常态分布，是连续随机变量概率分布的一种，自然界、人类社会、心理和教育中大量现象均按正态形式分布，例如能力的高低、学生成绩的好坏等都属于正态分布。标准正态分布是正态分布的一种，具有正态分布的所有特征。所有正态分布都可以通过 Z 分数公式转换成标准正态分布。

　　正态分布有着极其广泛的实际背景，生产与科学实验中很多随机变量的概率分布都可以近似地用正态分布来描述。例如，在生产条件不变的情况下，产品的强力、抗压强度、口径、长度等指标；

同一种生物体的身长、体重等指标；同一种种子的重量；测量同一物体的误差；弹着点沿某一方向的偏差；某个地区的年降水量；理想气体分子的速度分量，等等。一般来说，如果一个量是由许多微小的独立随机因素影响的结果，那么就可以认为这个量具有正态分布（见中心极限定理）。从理论上看，正态分布具有很多良好的性质，许多概率分布可以用它来近似；还有一些常用的概率分布是由它直接导出的，例如对数正态分布、t分布、F分布等。

正态分布启示我们，要用整体的观点来看事物。"系统的整体观念或总体观念是系统概念的精髓。"用整体来看事物才能看清楚事物的本来面貌，才能得出事物的根本特性。不能只见树木不见森林，也不能以偏概全。此外整体大于部分之和，在分析各部分、各层次的基础上,还要从整体看事物,这是因为整体有不同于各部分的特点。用整体观来看世界，就是要立足在基区，放眼负区和正区。要 看到主要方面，还要看到次要方面，既要看到事物积极的一面还要看到消极的一面，看到事物前进的一面还要看到落后的一面。片面看事物必然看到的是偏态或者是变态的事物，不是真实的事物本身。

正态分布曲线及面积分布图非常清晰地展示了重点，那就是基区占68.27%，是主体，要重点抓，此外95%、99%则展示了正态的全面性。认识世界和改造世界一定要抓住重点，因为重点就是事物的主要矛盾，它对事物的发展起主要的、支配性的作用。抓住了重点才能一举其纲，万目皆张。事物和现象纷繁复杂，在千头万绪中不抓住主要矛盾，就会陷入无限琐碎之中。由于时间和精力的相对有限性，出于效率的追求，我们更应该抓住重点。在正态分布中，基区占了主体和重点。如果我们结合 20/80 法则，更可以大胆地把正区也看做是重点。

联系和发展是事物发展变化的基本规律。任何事物都有其产生、发展和灭亡的历史，如果把正态分布看做是任何一个系统或者事物的发展过程的话，我们明显地看到这个过程经历着从负区到基区再到正区的过程。无论是自然、社会还是人类的思维都明显地遵循着这样一个过程。准确把握事物或者事件所处的历史过程和阶段将会极大地有助于我们掌握事物、事件的特征和性质，是我们分析问题、采取对策和解决问题的重要基础和依据。发展的阶段不同，性质和特征也不同，分析和解决问题的办法要与此相适应，这就是具体问题具体分析，也是解放思想、实事求是、与时俱进的精髓。正态发展的特点还启示我们，事物发展大都是渐进的和累积的，走渐进发展的道路是事物发展的常态。例如，遗传是常态，变异是非常态。

杰克·韦尔奇说："领导者的工作，就是每天把全世界各地最优秀的人才延揽过来。他们必须热爱自己的员工，拥抱自己的员工，激励自己的员工。"作为一个过来人，韦尔奇给公司领导者传授的用人秘诀是他自创的"活力曲线"：一个组织中，必有 20% 的人是最好的，70%的人是中间状态的，10% 的人是最差的。这是一个动态的曲线，即每个部分所包含的具体人一定是不断变化的。但一个合格的领导者，必须随时掌握那 20% 和 10% 里边的人的姓名和职位，以便做出准确的奖惩措施。最好的应该马上得到激励或升迁，最差的就必须马上走人。

　　总之，正态分布论是科学的世界观，也是科学的方法论，是我们认识和改造世界的最重要和最根本的工具之一，对我们的理论和实践有重要的指导意义。以正态哲学认识世界，能更好地认识和把握世界的本质和规律，以正态哲学来改造世界，能更好地尊重和利用客观规律，更有效地改造世界。

　　例如，某知名电力上市公司，利用大数据统计分析理论，对26年来发生的60次人身死亡情况进行了统计分析，找到了造成人身死亡事故的主要类型和所发生的部门，为有针对性的管理和控制预防做了理论上的指导。

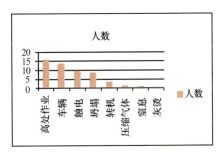

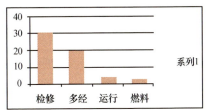

从统计数据可知，最容易发生人身伤害的部门是检修，检修中最容易发生伤害的是高处作业；对运行人员人身威胁最大的是电气电弧造成的伤亡；多经则多因为车辆驾驶违章，事故频发；燃料转动部位多，转动设备伤亡多。总的来说，高处作业、电气伤害、坍塌和车辆是电厂造成人身伤害的最主要的原因，特别是坍塌事故虽然次数少，但涉及人员多，且多为群死群伤，同时电气伤害又存在范围广、点位多、不易控制的特点。

36. 自动

船按一定的路径在海上自动控制航行，航天飞船自动调整对接，自然界中雪花的不同形状，体现了一种自组织现象，都展现出一种自动的观念。耗散结构、协同学、突变论是自组织理论的三个主要内容。远离平衡态，远离权力约束，如没有政府参与，由完全市场化决定的价格机制属于自组织现象；没有领导参加的食堂买饭排队和没有人为干预的交通售票排队买票，各个窗口的人员数量几乎一样多，属于自组织行为。对管理高效运作的一种方式叫自我管理。明确目标和任务后，团队成员立即按照每个人的分工和计划，既相互协作，信息共享，又尽心尽力、有条不紊地开展工作。

自动调节会有几种不同的结果：一种是振荡很长时间才使系统趋于稳定；一种是失控，振荡越来越大，如所谓的蝴蝶效应；另一种就是最完美的，振荡一个半周期后即已稳定。自动调节最难的是对调节对象特性的分析判断和建模，大致分成白箱、黑箱和灰箱三类。

运用模糊数学、统计规律，是解决问题的常用方法。要避免矫枉过正的思想："矫枉必须过正，不过正不足以矫枉。"从而导致不是左派就是右派，不是矫左就是矫右。调节变成了振荡，最后失控。

自动，指不用人力而用机械、电气等装置直接操作的或自己主动。自动化（automation）是指机器设备、系统或过程（生产、管理过程）在没有人或较少人的直接参与下，按照人的要求，经过自动检测、信息处理、分析判断、操纵控制，实现预期的目标的过程。自动控制（automatic control）是指在没有人直接参与的情况下，利用外加的设备或装置，使机器、设备或生产过程的某个工作状态或参数自动地按照预定的规律运行。自动调节是指自动维持生产过程在规定工况下运行。

自组织是在没有外部指令，系统按照相互默契的某种规则，各尽其责而又协调地自动形成有序结构。自组织现象无论在自然界还是在人类社会中都普遍存在。一个系统自组织功能愈强，其保持和产生新功能的能力也就愈强。自组织过程包括一个系统在内在机制的驱动下，自行从简单向复杂、从粗糙向细致方向发展，不断地提高自身的复杂度和精细度的过程；一个系统通过与外界交换物质、能量和信息，而不断地降低自身的熵含量，提高其有序度的过程；一个系统自发地从较高几率状态向几率较低的方向迁移的过程；一个系统在"遗传"、"变异"和"优胜劣汰"机制的作用下，其组织结构和运行模式不断地自我完善，从而不断提高其对于环境的适应能力的过程；一个开放系统的结构稳态从低层次系统向高层次系统的构造过程，因系统的物质、能量和信息的量度增加，而形成比如生物系统的分子系统、细胞系统到器官系统乃至生态系统的组织化度增加，基因数量和种类自组织化和基因时空表达调控等导致生物的进化与发育（Evo-Dev）过程。有些地方喜欢喝二遍酒，即中午喝得有点多，晚上再喝一点，美其名曰"投一投"。投过之后感觉清醒、舒服很多，久而久之变成了一种地方文化。想一想，似乎有一定道理。酒进入身体，必然导致身体应急反应，开始自动调节，分泌酶分解酒精。如果酶分解多了，调节过头了，是否会引起不适呢？没有研究结论，不过，如果从投投酒，再喝一点感到舒服的现象看，也许符合人体自动调节理论。

自动调节可以提高系统效率，自组织能够提高组织效率。去除政府干预，无疑会促使完全市场化的形成，无疑会提高国家的社会管理效率。

电厂的设备管理中，经常因为各种理由、各种原因，检修、维护不到位，导致设备原来是自动的变成电动，电动变成手动，手动成了不动，自动→电动→手动→不动。而一个好的企业的设备管理，则应该把自动控制水平作为一个评价标准，提高自动的投入率，追求高水平的自动控制，以提高生产效率。把不动变成手动，把手动改成电动，把电动改成自动，不动→手动→

电动→自动，不断提高设备管理水平。

37. 水桶与绳子

水桶原理是由美国管理学家彼得提出的。说的是由多块木板构成的水桶，其价值在于其盛水量的多少，但决定水桶盛水量多少的关键因素不是其最长的板块，而是其最短的板块。这就是说任何一个组织，可能面临一个共同问题，即构成组织的各个部分往往是优劣不齐的，而劣势部分往往决定整个组织的水平。人的寿命决定于最先坏死的器官，机器的寿命决定于易损件的寿命。

人对自己要有忧患意识，企业要有忧患意识，劣势决定优势，劣势决定生死，这是市场竞争的残酷法则。"木桶"理论的启示是，如果个人有哪些方面是"最短的一块"，应该考虑尽快把它补起来；如果所领导的集体中存在着"一块最短的木板"，也一定要迅速将它做

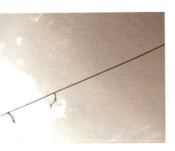

长补齐，否则它造成的损失可能是毁灭性的——很多时候，往往就是一件小事而毁了所有的努力。一个企业或是任何一个部门都有这样"最短的木板"，它有可能是某个人，或是某个行业，或是某件事，领导者应该迅速找出它来，并抓紧做长补齐。

在家电市场上，百家争雄，然而海尔却一步一个脚印地跑在最前列。为什么？海尔的资本不是比别人雄厚，引进的国际人才也并不比别人多，人才素质未必比别人高……一句话，海尔的"高木板"并不多，但人家有一个好的团队，其整体绩效不比任何"高木板"差。

绳子受力后，断在哪一处，事先无人知晓。潜在的风险和隐患就像绳子的哪一处薄弱一样难以被发现。企业在实现其目标的经营活动中，会遇到各种不确定性事件，这些事件发生的概率及其影响程度是无法事先预知的，这些事件将对经营活动产生影响，从而影响企业目标实现的程度。这种在一定环境下和一定限期内客观存在的影响企业目标实现的各种不确定性事件就是风险。

企业的很多方面存在风险，如安全、经济等，凡是带有不确定危害的都是风险。作为领导，在看到欣欣向荣的表面现象时，千万不能忘记风险的存在。有了风险意识、危机意识和忧患意识，才能看透本质，防患未然，就会从战略上给予重视和规划，做到万无一失。

知道问题，就好解决问题。所以问题的关键是如何发现问题。不但有物的风险，关键还有人为的风险。"瞒天过海"这一计的兵法运用，常常是着眼于人们在观察处理世事中，因为对某些事情的习见不疑而自觉不自觉地产生了疏漏和松懈，所以能乘虚而示假隐真，掩盖某种军事行动，把握时机，出奇制胜。"明修栈道，暗渡陈仓"，从正面迷惑敌人，用来掩盖自己的攻击路线，而从侧翼进行突然袭击。这是声东击西、出奇制胜的谋略。当项羽沉醉在汉军修好栈道还需要几年的梦幻中高枕无忧时，那边的韩信已经夺取了陈仓。

事先判断一根绳子会在哪里拉断是几乎不可能的，但如果断的次数多了，是否能找到规律性的东西呢？答案是肯定的。寿命有寿命规律，风险也有风险规律。只要进行深入的分析研究，找准风险点和薄弱环节，就能找到解决问题的办法。对于事物的风险规律，风险分析理论是一种发现问题的方法。风险＝概率×危害度。找出发生问题的统计规律和每一件事的危害程度就能评估出风险的大小。对风险大的，采取针对性的措施，就能控制住风险，减少问题的发生。

而对于人为的风险，除非有拨云见日的功夫，能见庐山真面目外，通过经验积累和大家的共同分析，应该可以抓住最主要的风险。

一个电厂，重要辅机设备管理已经进入状态检修阶段。他们应用以可靠性为中心的设备管理理论，进行重要辅机的故障模式和故障效应分析，找出故障的概率和危害度，制定了相应的对策和措施。最终形成了七大辅机故障模式数据库，为七种重要辅机的检修维护、状态监督，以及寿命管理提供了基础保障。

38. 举重若轻
"举重若轻"指举起沉重的东西像是在摆弄轻的东西，比喻能力强，能够轻松地胜任繁重的工作或处理困难的问题。

举重若轻是心态，人过百曦，世事难料，事总有轻重缓急，大小多少。天大的事，首先是高个子顶着。高个子顶不住，头一缩，就大家一起顶着。相信方法总比问题多，没有爬不过的山，没有过不了的坎。信心可以凝聚力量，心态影响事态走向。红军两万五千里长征期间，在那么艰难困苦的情况下，毛泽东写出了《七律·长征》"红军不怕远征难，万水千山只等闲。

五岭逶迤腾细浪，乌蒙磅礴走泥丸。……"表现了一位伟人在苦难面前轻松自如的气魄，激励了无数革命志士前赴后继，披荆斩棘。

如果，举轻若重，则会是事事不放心，处处亲自上阵，捡了芝麻，丢了西瓜，被事务所累，迷失了战略方向。诸葛亮，受托孤辅佐刘禅，鞠躬尽瘁死而后已，事必躬亲，事无巨细，耗费了无数精力，终将累及自我"出师未捷身先死，长使英雄泪满襟"。

莫里哀曾说："喜剧的责任，就是通过娱乐来纠正人的缺点。"法国轻喜剧，尤其擅长举重若轻，用淡淡的笑声拆解社会难题的"九连环"，具有较高的思想价值和现实意义。

现在不少企业老总都感叹：太忙！总是难以集中时间和精力来思考和处理计划中的事务。常常是本打算到办公室办某件事，结果半路上就被人堵住谈另一件事；好不容易来到办公室，等在那里的人一大帮；这里还没谈完，那边电话不断；手上待批文件一大堆，外边还有来客要接待。日复一日，总是忙于临时事务，计划中想做的事就是无法去做。忙，是事实，不少老总的确整天忙得不可开交。究其原因，固然比较复杂，但其中有一条重要的原因，就是许多老总举轻若重。他们往往是大权独揽，小权不放，动辄"一竿子到底"。岂料到头来尽管天天"两眼一睁，忙到熄灯"，事情往往被动应付，捉襟见肘，事业没有起色。相反，一些举重若轻的老总，由于分身有术，常常超脱得很，并不见"吃饭有人找，睡觉有人喊，走路有人拦"，事业还一片火红。

周恩来曾经说："从愿望上说，我更欣赏小平同志的'举重若轻'，但说实在话，我这个人做不到这一点。我同伯承同志一样，在工作上常常是'举轻若重'。这也许是同我长期负责具体的执行工作有关吧……"

举重若轻是方法，战略上藐视敌人，你的力量就会放大，你的信念就会生根。而在具体的问题时，谨慎为妙，举轻若重，战术上重视敌人，你的判断就更精确，你的成功近在咫尺。

一个企业老总，在项目论证、策划、准备及开工阶段都非常重视，所有规划会议、讨论会议、论证会议，场场参加，来龙去脉，清清楚楚。而到了实施阶段时，人员安排好后，就马放南山，刀枪入库，游山玩水去了。在工程差不多、快结束的时候，又回来主持每天的工程协调会，深入现场，关注细节，具体落实每天工作的完成情况，抛钱激励，保证工程保质保量按期完成。因为他知道，工程项目开工难、收尾难。兵马未动粮草先行，良好的开端是成功的一半。而收尾则是，万事归一，细节决定成败。头和尾，要举轻若重，中间把握住节奏，举重若轻。

39. 化繁为简

复杂性是一个棘手的问题。看似复杂的事物会异常简单；看似简单的事物会异常复杂。室内盆栽植物也许比一个加工厂错综复杂；花园里的蚁群也许比一群人更复杂；一句话也许比一本书的信息更丰富；一副对联也许比一首歌更复杂。将复杂的事情简单化，能够让你重新思考公司、家庭、艺术和你的世界。

三大纪律：一切行动听指挥，不拿群众一针一线，一切缴获要归公。八项注意：说话和气，买卖

公平，借东西要还，损坏东西要赔，不打人骂人，不损坏庄稼，不调戏妇女，不虐待俘虏。三大纪律八项注意是在毛泽东三大纪律、六项注意的基础上提炼出来的，内容丰富，言简意赅，既形象又具体，既到位又清楚。在过去那个兵荒马乱、战火纷争年代好懂、好记、好执行。再看看我们现在的企业管理，制度几大本，规范无数条。理解都难，如何执行？

真正的简单是一种极致，"繁华落尽，只见本来"。要会凡事找规律，去伪存真，去粗存精，由此及彼，由表及里，在真正掌握问题本质的基础上，以最简洁、最直接、最有效的方式，一招制敌，解决问题。

GE是一个庞大的商业帝国，机构臃肿，等级森严，曾经拥有几十万员工，遍布全球，涉及的领域也是种类繁多，五花八门，而效益却裹足不前，对市场反应迟钝，在全球竞争中正走下坡路。从韦尔奇入主GE起，在20年间，他将一个弥漫着官僚主义气息的公司，打造成一个充满朝气、富有生机的企业巨头。杰克深知官僚主义和冗员的恶果，一上任，就对内部管理体制进行了大刀阔斧的瘦身，减少管理层次和冗员，将原来8个层次减到4个层次甚至3个层次，并撤换了部分高层管理人员。此后的几年间，砍掉了25%的企业，削减了10多万份工作，将350个经营单位裁减合并成13个主要的业务部门，卖掉了价值近100亿美元的资产，并新添置了180亿美元的资产。"集中精力，绝对不妥协地向官僚主义开战。"结果，他领导的GE既利用了大企业的资源，又拥有了小企业的灵活，效益和规模快速增长，从世界500强的第10位，一举到达第1位。苹果公司的理念：简单就是快乐。苹果的设计师乔纳坦·伊维斯（Jonathan Ives）也对此战略证实称：苹果绝对是努力研发简单的应用方案，因为人们喜欢简单明了。

一个企业老总，总是面临着繁琐的大大小小的事务，有大事有急事，有内部事务，有外部事情，有自己能控制的也有自己都不能控制的。有人把领导处理事务比作弹钢琴，轻重缓急，大小事务，合理分配，疏而不漏。通过合理的计划、分配、授权，把复杂的问题简单化、简洁化是很高的水平，"千斤重担众人挑，人人头上有指标"。

高水平的领导，总是能减少急事的发生，把急事变成大事，把大事变成小事，把小事变成没事。诚然，智慧的领导都知道，事态并不总是能按自己的意志为转移，有许多未知的、自然的，包括政治的因素，影响并左右着局势的发展。战略性、长远性、大局性、系统性考量着每个领导判断走向的能力、把握规律的能力和运筹帷幄的能力。风险和应急是企业必须准备应对的问题。

而对于一些特殊的事件，如历史遗留问题、政策权衡问题、时间检验问题等，如果能把简单的问题复杂化，化简为繁，避轻就重，"混淆视听"，声东击西，"瞒天过海"，然后"逃之夭夭"，往往是摆脱困境的一种方法。

40. 眼睛向外
在低头努力把自己的工作做好的同时，一定要注意关注外面的世界。能力不够，可以借用别人的技能；知识不足，可以借用别人的智慧；信息不灵，可以寻找更多的资料。尤其是社会资源，利用得当，可以让你取得事半功倍的效果。不能只见树木，不见森林。

"秀才不出门，便知天下事。"这个世界很精彩，这个世界很无奈。泥沙俱下，鱼目混珠，鱼龙混杂。要想得到想要的东西，必须要有一双慧眼，带上"有色眼镜"，过滤掉无用的、低效的东西。

眼睛向外，才能找准方向。一个初创的企业，一个成长的企业，一个想有所突破的企业的领导都有雄心壮志，有战略眼光，吃着碗里，看着锅里。毛泽东无论是在井冈山期间还是长征途中，必做的一件事就是收集报纸，了解外面的情况。毛泽东从国民党《大公报》等报纸上，了解到日本侵略我国北方的形势以及红二十五军与陕北红军会合的消息，主持召开了"榜罗镇会议"，会议决定把红军长征的落脚点放到陕北，巩固和发展陕北革命根据地，把陕北作为领导中国革命的大本营，
为以后的抗日乃至全国的解放，奠定了基础。即使是身在延安的窑洞里，毛泽东仍然非常关注着国际和国内的形势，写出了许多著名的文章，如《论持久战》《关于反法西斯的国际统一战线》《第二次世界大战的转折点》《论联合政府》等，为整个中国的抗日战争和解放战争指明了方向。

眼睛向外，才能找到资源。在秦穆公以前，秦国还是个二流国家，而逐渐强大的一个主要原因是求贤如渴，不拘一格用人才：百里奚，虞国人；商鞅，卫国人；张仪，魏国人；甘茂，下蔡人；穰侯魏冉，楚国人；范雎，魏国人；蔡泽，燕国人，等等。刘备，自知才疏学浅，能力有限，遍求名士，三顾茅庐，得诸葛亮，才成就霸业，确立蜀汉政权。在现今社会，国际化、信息化飞速发展，可以说是瞬息万变，昨天还很辉煌的企业似乎一夜之间已经灰飞烟灭。摩托罗拉、诺基亚、爱立信、索尼……短短几年时间，就被苹果、三星打得落花流水，几乎退出了手机市场。知道市场信息，了解市场需求，开发出新的产品，才能在市场上大放光彩。在过去的四十年中，凭敏锐的触觉和过人的智慧，勇于变革，不断创新，史蒂夫·乔布斯一次又一次预见了未来，并把它付诸实践，引领全球资讯科技和电子产品的潮流，使电脑和电子产品不断变得简约化、平民化，让曾经是昂贵稀罕的电子产品变为现代人生活的一部分。

谁也不能说自己是全才是全能，但应该可以做到，知道谁能，谁行，谁可以解决问题，谁是这方面的权威。

眼睛向外，看别人的优点，看别人的长处，看别人能达到的高度，心怀敬畏之心，才能不断学习，才能不断提高。关羽看不到别人的长处，刚而自矜，头脑膨胀。在刘备提拔马超时说"超之才可与谁比"；在提拔黄忠时说"大丈夫绝不能和老兵同列"；更看不起东吴，关羽对儿子说："矢石交攻之际，千枪万刃之中，匹马纵横，如入无人之境。岂忧江东群鼠乎！"结果呢？就是被东吴打败，走麦城，失荆州。

开放的思维，系统思考问题的方式是领导必须具备的条件。在深度上挖掘，在广度上利用，才能疏而不漏，张弛有度，整合资源，效率最高。

眼睛向外，看到别人的优点，看清自己的不足。不能一叶障目，只看见局部，不看见全体;只看见树木，不看见森林。林语堂，两度获得诺贝尔文学奖的提名，与他学贯东西，"两脚踏东西文化，一心评宇宙文章"，取人之长、补己之短的心胸是分不开的。

一个电厂领导提出设备管理要眼睛向外，要求各专业的技术监督人员，必须与5～10家同类设备的电厂以及制造厂家建立良好的关系，在自己厂的设备发生问题时主动通报情况，取得彼此的信任，定期联系和活动，获得各使用厂家和制造厂家知道的设备出现过的故障信息，及时解决设备可能存在的问题和隐患。

41. 界限
以前，两个小学生一张课桌，两个人有矛盾时，会在课桌中间，划一道分界线，谁也不能越雷池半步。相互盯着、看着，一有越界，立即反击。

朝韩三八界、印巴克什米尔等都是争议地区。种族矛盾要求自治、独立、划界的声音不绝于耳，边界矛盾诱发冲突，引起的战争数不胜数。

大到国家之间要划界，小到小学生之间要划界。在地理上可以去划，在空间上可以去划，而在文化方面、在信仰方面、在知识方面，甚至，扩大到道德方面，能划清吗？连地理界限都不易划清，何况更复杂的各种文化。艺术无国界、知识无国界、信仰无国界……界限似乎是人与人，国与国，企业与企业，组织与组织，团队与团队之间的一条有形无形的沟壑，又似乎是彼此连接不可分割的纽带。

小孩子，过几天，关系好了，桌上的界线就没了。国家，分久必合，东西德的围墙拆了。高中生、大学生不会在桌上划界，因为他们知道了相互包容是一种境界。

企业中的划界现象也非常普遍。部门之间、班组之间甚至个人之间，都存在有形和无形的痕迹。目标明确、责任明确、奖罚明确，能推动团队高效运作。可部门之间、班组之间、团队之间呢，不闻不问不管，谁来填补中间的缝隙？文化，文化氛围，共同的价值取向，共同的利益导向，可以促进彼此信任，无缝隙管理，甚至重叠管理。

利益冲突、文化冲突是划界的罪魁祸首，包容、认同、理解、谦和是跨越河流的桥梁。

关注企业中的缝隙和界限，利用各种方法和手段，引导合作的氛围，最终达到提升整体水平的目的。

42. 惯性

惯性：一个不受任何外力(或者合外力为0)的物体将保持静止或匀速直线运动。惯性思维（Inertial thinking）指人习惯性地因循以前的思路思考问题，仿佛物体运动的惯性。

有一个故事：五金店里面来了一个哑巴，他想买一个钉子，就对着服务员左手做拿钉子状，右手做握锤状，用右手锤左手又用右手指左手。服务员给了他一枚钉子。后来五金店来了一个盲人，他想买一把剪刀。他会做什么动作呢？有人会说用手做剪东西状就可以了。错了，盲人只要开口讲一声就行了。思维受到了前面那个哑巴故事的影响，这就是思维惯性。

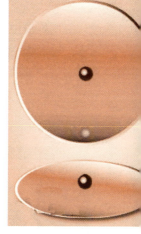

冬至，夜间最长，白天最短，阴气最盛，阳气最弱。过了冬至，白天变长,夜间变短,似乎,应该逐渐回暖。岂不知，寒冬数九才刚刚开始，要到四九三十六天之后的五九、

六九才能乍暖还寒，沿河看柳。

从中央到地方，领导开会提出要求，到真正实施，要有多长时间呢？这就是信息传递和文化的惯性。

习惯，是人长期逐渐养成的行为或倾向，具有根深蒂固、难以逾越的性质。而对于一个企业来说，是各个人惯性的总和，即文化惯性。冰冬三尺，非一日之寒，改变更是难上加难。

调整航向，一种是因势利导的渐悟，一种是置之死地而后生、进行大刀阔斧的突变。

用好惯性如拖拉机的飞轮，能保持传承的延续。反之，它会是前进道路上的累赘和负担，甚至是阻力。突变更需要勇气、智慧，需要否极泰来的等待和釜底抽薪的魄力。

43. "三个有利于"

"三个有利于"是敢干、敢闯、敢试的，具有创新精神的一句

名言。试想,在没有任何经验、方向、依据的时候,向前走,怎么走?摸着石头过河!

在划时代的今天,日新月异,瞬息万变,有的机会是转身即逝。三个有利于也许是分析形势,解决问题,进行决策的一把尺子。如果能找到三个方面对这件事的决策都有好处的话,也许就该试一试了。

创新是会付出代价的,但也不能盲目的牺牲。科学决策仍然是决策的基础和首选。对于战略决策,只有在充分讨论酝酿的基础上,实在没有经验,甚至没有理论依据的情况下或者没有任何时间考虑的紧急状态下要做出决策,就应该进行利害权衡,考虑三个有利于的标准,能有多个有利于则更好。

有个故事说:在一个闭塞的山里,一群人不是下地干活,就是围着磨盘拉磨。时间一长,有个没出过门的后生开始想,这样在原地打转,日复一日,年复一年,也不是事呀,难道非得老死、累死在这里?可是怎么办呢?苦思冥想,也没有主意。哦,不管怎么样,出去看看吧!于是,后生跑出房间,阳光照进眼睛,让

他一阵眩晕。"妈呀，光线这么强，好刺眼！"他说。过了一会儿，慢慢感觉光线柔和了，也看见一些景色了。好美，他又发出一声感叹。仔细看，看见了花草、山水、森林、湖泊，一个全新的世界呈现在他面前，让他目不暇接，感慨万千。再走近一看，发现跟他一样的还有好多人，一个个都在慢悠悠、无精打采地干活呢。这个人嘻嘻地笑了起来，他略带嘲笑地问旁边一个人说："老兄，你天天这么干活有意思吗？"另一个人说："没意思，可不干活，哪来饭吃？没饭吃，那不饿死，还是干吧！"后生想了想，说的有道理，没吃没喝，饥肠辘辘。"可是可是，外面那么美，你们就没想过，去外面闯一闯？""想，当然想，可是主人对我们不错，有菜有饭，有酒有肉的伺候着，该自足了呀！"这时，另一个人，忍不住了，说："好什么好，就知道吃喝，就知道吃这些剩菜、霉饭、烈酒、咸肉，我听说，山那边吃的是山珍海味，喝的是茅台拉菲，坐高铁、开飞机，想吃什么吃什么，哪里好玩哪里去！"大家一下子安静下来，陷入了沉思。都在想，说得多好，山那边就是繁花似锦，极乐世界，可没有方向、没有道路、没有桥梁、没有标记、没有驿站，不知远近，关键是没有一个人走过呀！这时，有一个长者打破了尴尬沉闷的气氛，站出来说："既然我们都知道那边好，都想过去，那我们就来分析分析，怎么走，哪些是有利的条件，哪些是不利的因素，是弊大于利，还是利大于弊。"于是，大家七嘴八舌地讨论起来。结果，讨论了半天也没能得出一个让大家都心服口服的结论。就在这时，空中传来一声音说："明知道有个理想家园在等着你们，而且在原地打转就意味着永世不得翻身，那还不去闯、去试、去行动？""可是，我们不知道怎么走呀？"后生鼓着勇气说。"没关系，摸着石头过河！当你们遇到困难的时候，只要想着，哪个地方有利于你们队伍壮大，哪个方向有利于你们发展进步，哪个环境有利于你们健康成长，你们就向那个方向发展。相信你们一定会找到自己心目中的桃花源。"说完，就不见了。按照上天的教导，大家行动了，现在是安居乐业、生活幸福。

六、贵人相助

——公道世间唯白发，贵人头
上不曾饶

44. 抬轿子

一顶轿子，有两人抬，有四人抬，也有八人抬……，坐的人舒服，抬的人受苦。要是抬的人各顾各的，步调不齐，自由凌乱，那坐的人可就受苦了。让轿夫们心情舒畅，协调一致，平平稳稳的让你享受可不是件容易的事。

据记载，春秋战国时期，一次战争，在两军阵前，一个车夫，驾着战车，载着大王，跑到敌方去了。究其原因，竟然是大王没有给他肉吃，一个馒头导致的血案。

"水能载舟，亦能覆舟。"千万不能小看了，轿夫、车夫，以及更广大的群众和员工。始终把员工都看着是给你抬轿子的、开车的，把握着你的方向，影响着你的未来。尽量做到为民谋利、公平合理、任人唯贤。低调做人，小巧待人，提升人气，减少怨言，是做人成事的根本。

抬轿子，可分很多层级。下面人抬着你，你也抬着上面。抬轿子还有不同的抬法，有的人给你开车，有的人给你出谋划策，有的提供后勤服务，有的掌管财物，有的则给你开疆扩土，有的则是你的左膀右臂。不管怎样，要注意，离你最近的人，知道你最多的人是不能得罪的。如果你能选择，则要选你认为最信任的人，家族内的人更好。如不能选择，则要慎之又慎，多加安抚，多加爱护。唐僧的"司机"白龙马多好，不言不语，勤勤恳恳，踏实稳重。宋江的贴身侍卫是吕方、郭盛。吕方、郭盛是什么人呢？家里是搞企业的，没有任何江湖背景，而且与任何一个山头，任何一个头领，过去没有任何联系，人际关系简单。领导选贴身助手，就得用背景简单、资历尚浅的年轻人。卢俊义的左右是谁？孔明、孔亮，自称是宋江的徒弟，那卢俊义就得收敛很多，个中关系耐人寻味。黄光裕事件中的陈晓所扮演的角色就很让大家思考。有网友评论："有企业老板称，陈晓是个反骨仔。这个评价代表了相当多的企业老板们的看法。为什么？因为陈晓的做法触动了中国文化传统中的一个底线——道义。作为职业经理人，陈晓声称要对所有股东的利益负责，但他趁大股东遇困之机，试图联合国际资本来完全控制公司，这实际上有违他对大股东的信托责任，也违背了市场经济核心价值观之一的诚信。"吴三桂降清，并协助清廷消灭了南明。明室从未薄待过吴三桂，而他却积极消灭南明，并最终手刃永历帝向新主子讨欢心。这样的人，后来又反新主，掀起"三藩之乱"。一个企业要用陈晓、吴三桂之类的人抬轿子，可得当心了。历史上，像这类背信弃义、卖主求荣的人可谓不计其数。千万不能被一时的甜言蜜语所蒙蔽，不能被一时抬得舒服所忽悠。在关键的岗位如财务、办公室、市场营销、司机、秘书上安排好合适的人。

反过来，也得想一想。试想，你也在抬着轿子，坐在上面的人对你喝来呼去，当面训斥，你会怎样？一肚子怨气，一肚子苦水又怎么能安心工作，抬好轿子？傅士仁、糜芳不是因为关羽的傲慢自大、盛气凌人、目空一切也许不会投降东吴。张飞临出兵前，被其麾下将领张达、范疆谋杀。并将张飞的首级拿去投奔孙权，是因为张飞从不体恤士卒。刘备常常告诫张飞："你经常鞭打健儿，但之后还让他们在你左右侍奉，这是取祸之道。"

45. 萧规曹随与王莽新政

萧何死后，曹参做了丞相。可他每天吃喝玩乐，不理朝政。皇帝说他玩忽职守，不思进取。他说，萧丞相把制度建立得已经够完

备了，事事顺畅，执行有序，没什么需要改变的了。结果，曹参在朝廷任丞相三年，使西汉政治祥和、经济发展、社会祥和，国泰民安，人民生活水平日渐提高。他死后，百姓们编了一首歌谣称颂他说："萧何定法律，明白又整齐；曹参接任后，遵守不偏离。施政贵清静，百姓心欢喜。"

无为而治的思想首先是由老子提出来的。老子认为"我无为，而民自化；我好静，而民自正；我无事，而民自富；我无欲，而民自朴。"在西汉初年，前几代统治者常常以秦亡为戒，认识到要取得一个相对稳定和持续发展的政治局面，就必须努力缓和阶级矛盾，与民休息，实行无为而治。正是这种思想观念的指导，转化成一系列有利于社会经济发展的政策，使汉初社会经济迅速得到复苏与发展。司马迁在《史记·律书》中毫不掩饰地称赞说："故

百姓无内外之徭，得息肩于田亩，天下殷富，粟至十余钱，鸣鸡吠狗，烟火万里，可谓和乐者乎。"史称文景之治。

王莽窃取政权后，仿照《周礼》的制度推行新政，屡次改变币制，更改官制与官名，以"王田制"为名恢复"井田制"，把盐、铁、酒、币制、山林川泽收归国有，耕地重新分配，又废止奴隶制度，建立五均赊贷（贷款制度）、六筦政策，以公权力平衡物价，防止商人剥削，增加国库收入。刑罚、礼仪、田宅车服等仪式，回复到西周时代的周礼模式。

但王莽的改制不仅未能挽救西汉末年的社会危机，反而使各种矛盾进一步激化，由于政策多变，不合实情处，百姓未蒙其利，先受其害，朝令夕改，使百姓官吏不知所从，不断引起天下贵族和平民的不满。结果因触动了各阶层的利益，短短几年，就寿终正寝，改朝换代。

历史上，新的君王上台伊始，几乎都是踌躇满志，想干一番大事业，名垂青史。有的成功了，像汉武帝，开创察举制选拔人才。采纳主父偃的建议，颁行"推恩令"，解决王国势力，并将盐铁和铸币权收归中央。文化上采用了董仲舒的建议，"罢黜百家，独尊儒术"，结束了先秦以来"师异道，人异论，百家殊方"的局面。汉武帝时期开疆拓土，击溃匈奴、东并朝鲜、南诛百越、西愈葱岭、征服大宛，奠定了中华疆域版图，首开丝绸之路、首创年号，兴太学。开拓汉朝最大版图，在各个领域均有建树，汉武盛世是中国历史上的三大盛世之一。有的失败了，像崇祯皇帝朱由检继位后大力铲除阉党，志向远大，励精图治，勤于政事，节俭朴素，曾六下罪己诏，是位年轻有为的皇帝。但他既无治国之谋，又无任人之术，加上他严苛、猜忌、多疑，对大臣动辄怒斥、问罪、砍头、凌迟，其残忍和冷酷与魏忠贤相比，有过之而无不及。因为不相信文武百官，崇祯还频繁地调整官吏，17年间他竟然换了17个刑部尚书和50个内阁大学士。造成国家人才匮乏，有心报国的志士既不肯也不敢请缨效命。无奈之下，崇祯只好培植私人势力，重新起用大批更加腐朽无能的太监，最终导致"十万太监亡大明"的历史悲剧。

历史总是在传承与变化中前行，像一幅水墨画，像一首交响曲，泼墨的、演奏的、跳舞的，身在其中，魂在其中，梦在其中。有的舒缓，有的突兀；有的顺势而为，有的逆势而动；有的府库殷实，前人栽树后人乘凉；有的千疮百孔，屋漏偏遭连阴雨；有的无为无欲，有的励精图治。一台大戏，有编剧的构思，有导演的组织，有演员的表演，有观众的评说。

传承延续，可以维持相对的稳定；创新改革，则可能朝气蓬勃，欣欣向荣，但如果设计不周，利益考虑不全，将会产生很大的阻力，甚至是破坏力。在经济基础快速发展并稳定后，进行创新、突破、折腾，才能成功或维持一定的稳定。如文景之治后的汉武大帝，贞观之治后的武则天酷刑，康乾盛世后的雍正整治。如果没有一定的经济基础，瞎折腾都会如王莽、崇祯一样加速王朝的衰败。没有足够的智慧和毅力，没有充分的深入实际，调查研究，改变会有很大的风险，应该慎之又慎。

一个企业，同样面临着新老交替、人员流动，对原来的那一套是照搬照套、延续传承，还是平稳过渡、适度调整；是抓住机会，有所突破，还是大刀阔斧、全面革新，都需要对原有的体制机制进行充分地实事求是的分析评估。科学的方法是找出好的、有生命的传统加以传承，而对于阻碍生产力发展的，要会宣传造势，积蓄力量，稳步推进。

46. 三年不飞，三年不鸣

楚庄王继位，三年不理朝政。一天，伍举眯着眼睛问道："大夫来此，是想喝酒呢，还是要看歌舞？"伍举话中有话地说："有人让我猜一个谜语，我怎么也猜不出，特此来向您请教。"楚庄王一面喝酒，一边问："什么谜语，这么难猜？你说说！"伍举说："谜语是'楚京有大鸟，栖上在朝堂，历时三年整，不鸣亦不翔。令人好难解，到底为哪桩？'您请猜猜，不鸣也不翔。这究竟是只什么鸟？"楚庄王听了，心中明白伍举的意思，笑着说："我猜着了。它可不是只普通的鸟。这只鸟啊，三年不飞，一飞冲天；三年不鸣，

一鸣惊人。你等着瞧吧。"果然，后来楚庄王成为春秋五霸之一。

三年是对自己的一种历练，是自我修为、自我审视、自我管理的一个过程。同时，也为对内、对外人员和形势的正确判断，为一飞冲天做了充分准备。

公元前74年，汉昭帝刘弗（原名:刘弗陵）死去。他没有儿子，于是手握朝政大权的大司马大将军霍光立武帝的曾孙刘询（原名：刘病已）为帝。这就是汉宣帝。公元前68年，霍光病死。御史大夫魏相根据历史教训和霍氏家族的专权胡为，建议宣帝采取措施，削弱霍氏权力。霍氏对魏相极度怨恨和恐惧，便假借太后命令，准备先杀魏相，然后废掉宣帝。宣帝得知此事后，先发制人，采取行动，将霍氏灭族。从此以后，汉宣帝亲自处理朝政，振作精神，力图把国家治理得繁荣富强。他直接听取群臣意见，严格考察和要求各级官员；还降低盐价，提倡节约，鼓励发展农业生产。魏相领着百官尽职，很符合汉宣帝的心意。汉宣帝在魏相的配合下，采取了一系列有利于发展生产、减轻人民负担的有效措施，终于使国家兴旺发达起来。他在位25年使已经衰落的西汉王朝出现了中兴的局面。

现在，企业领导流动的情况很多、很频繁。孤身一人到一个新的企业做领导，是对每个领导的考验。到新的岗位，是上级领导的信任，都会想着干好工作，励精图治，创造新的辉煌。心情可以理解，问题是，人生地不熟，处在原来的关系网的重重包围之中，处在原来的浓浓文化氛围当中，想一飞冲天，翅未展，膀子就折了；想一鸣惊人，嘴未张，喉咙就哑了。小不忍，则乱大谋。即使像楚庄王那样做了三年充分的准备，也差点被废。康熙智斗鳌拜，费了多少心血和时间？

"没有调查，就没有发言权。"所以到一个新的岗位，不能高谈阔论、颐指气使。而是应该潜下心来，先夹起尾巴做人，少说多听，多看多想，多分析判断，真正了解新单位、新岗位、新环境的客观的实际情况，特别是人员情况，对以后任人唯贤、转变态势将会起到至关重要的作用。而在此过程中，修炼自己，提升自己，管理自己，也是一个难得的机会。一旦时机成熟，重新进行人员布局后，那么离冲天也就不远了。

现今社会，不会给你三年时间。尽快适应岗位要求，平稳过渡是领导的期盼。所以，急事中要勇于担当，勇挑重担，勇往直前。大事中要稳步推进，稳稳当当，稳如泰山。快刀斩乱麻，不拘一格用人才，快马加鞭出成效。

47. 将在外，君命有所不受

"将在外，君命有所不受"源自《孙子兵法·九变篇》。"凡用兵之法，将受命于君，合军聚众……涂有所不由，军有所不击，城有所攻，地有所不争，君命有所不受"，做到权责一体。

将帅是君主使命的执行者，用兵打仗在外，战场上的情况复杂多变，君主根本不可能得到战场形势及时有效的信息，因此孙

武主张，将帅在外领兵作战，根据战况具体分析，对于君主的一些不合乎战术要求的命令可以不听从。这正是从变化的角度出发，提倡军事将领用兵不能因循守旧，一成不变，要灵活机智地处理各种问题，凡是以大局为重，对无关紧要的或者对全局没有实际意义的抉择，坚决不予以执行。慎重地实施方案是取得胜利的基本要求。

国家政事管理，同样需要这样的思想。地方的具体情况中央无法了解到，因而中央地方的一些政策有时候是不符合实际情况的，对于这样的情况，地方领导应该研究具体情况做出相应的决策。政者行政，要把握住"变"字，从实际情况出发以新的理论、新的实践实施工作，坚决不能仅仅凭经验、紧随教条主义行事，做事要有过人的胆识和敢于承担的勇气。

企业进行经营，特别是对于市场对于管理，更要求有应变的能力。产品投放市场，不同地方面临的消费人群不一样，消费者的观念也根据地方习俗或者生活习惯不同而有所改变。对于不同的市场，企业领导者要相信自己的管理眼光，对于不同的营销策略不要过分加以干涉，避免造成营销理念错误而导致消费者无法接受产品的情况。

从本性上讲，人生而自由，始终为自由而抗争。但，有社会约束，有法律规章制度管束，必须承担社会义务和责任。

吃人嘴短，拿人手短。君为臣纲，君君、臣臣、父父、子子。作为臣子，在朝堂之上，在天子周围，肯定是唯唯诺诺，唯命是从。

一旦有变，独当一面时，自由的本能就会膨胀，快乐像出笼的小鸟。将在外，谁人管？请别得意，别忘形！魔高一尺，道高一丈。领导把牵住下属作为一项体现自身技能的重要日常事务。他会在意并打探你在外面的所作所为，所思所想，考察你的忠心，考验你的能力。应该知道，既然能做领导，就有做领导的本事和能力。韩信，拥重兵，聚齐国，向高祖要"假齐王"，结果怎样？年羹尧，封疆大吏，功高盖世。雍正授予他一切权力，发出上谕："若有调遣军兵、动用粮饷之处，著边防办饷大臣及川陕、云南督抚提镇等，俱照年羹尧办理。"这样，年羹尧遂总揽西部一切事务，实际上成为雍正在西陲前线的亲信代理人，权势地位实际上在抚远大将军延信和其他总督之上。雍正还告诫云、贵、川的地方官员要秉命于年羹尧。结果呢？雍正朱批："大凡才不可恃，年羹尧乃一榜样，终罹杀身之祸"、"年羹尧深负朕恩，擅作威福，开贿赂之门，因种种败露，不得已执法，以为人臣负恩罔上者诚。"

所以，将在外，君命有所不授，不是一般的游戏规则，它是建立在绝对信任和授权基础上的一种特例，如若不是一个认同你的领导给你授权，你可得当心了。为人低调，多请示，多汇报，才会赢得信任，给你更多的自由。否则，卸磨杀驴，兔死狗烹，鸟尽弓藏。

七、高人点悟

——古人于小学存养已熟，根基已深厚，
到大学只就上面点化出些精彩

48. 预则立

预则立，不预则废。出自于《礼记·中庸》："凡事豫则立，不豫则废。言前定则不跲，事前定则不困，行前定则不疚，道前定则不穷。"豫，亦作"预"。毛泽东《论持久战》亦曾引用："'凡事豫则立，不豫则废'，没有事先的计划和准备，就不能获得战争的胜利。"

书到用时方恨少，人到用时问题多。以前，靠个人考察，看人用人，失误的案例很多很多。而现在，规范的用人考察机制多数已经形成，对人的评价和潜力评估都带有很高的前瞻性。而且，公平的人才市场环境已经成熟。不用再怕什么"千里马常有，伯乐不常有"了。只要你真的有才，就有人用；只要你真的有潜力，就有人培养；只要你已经达到一定的高度，机会很快来临，机会总是给有准备的人。

"人无远虑，必有近忧。"这是古老的谚语，充满了先人的智慧，告诫人们要未雨绸缪，不要老看眼前的事物，而忘却了人之所以积极奋斗的远景期待，是一种因果循环。今日因是它日果，今天不为他日做打算，他日成今日时必然有许多忧虑，不容不作努力。今日的忧愁是昨日所致。昨日的哪些相关决定如果不正确，昨日的作为如果不够周到，才造成今日的苦果？倘使重新来过，哪些错误是可以避开的？进而去认知、体悟这些事物间的因果关系。重新检讨下来，不但学得教训、经验，不致重蹈覆辙，并能强化对事物相关影响的认知，增长决策判断力。俗语说，"不增一事，不长一智"，就是这个意思。再深入思索，就会令人豁然开朗。所谓"人无远虑，必有近忧"，应该是指，现在所面临的问题（忧愁），是肇因于以前没有深思熟虑的作为；同样的，今天的作为如果未经长远的深思熟虑，未来必会尝到苦果。所以，这句话除了提醒我们要深谋远虑，还点出一个要点：凡事必是"自作自受"，这是每个人都要有的认知。现在和未来是相互联系的，奋斗的曲线必须是专注且连续的，才能有好的人生旅程。拜伦说："忙碌，就没有时间流泪了。"

有人形容一个人贪，就会说他"吃着碗里的，看着锅里的"。对于一个想有所建树的人来讲，学习知识要贪，学习技术要贪，学习管理也要贪。贪得无厌，才能不断突破新的高度，才会日积月累，水到渠成。

做事做人都不是一朝一夕就能功德圆满、功成名就的，平时不抓紧时间积累知识，平时不注意修身养性，指望临时受用不可能有长久的效果。古来，名将驰骋千军万马之中而泰然自若，熟用兵法韬略运筹帷幄，虽说经常出入于九死一生之中却仍然能悠闲自得毫不仓皇，这就说明"闲中不放过，静中不落空"的功用，"临阵磨枪""临渴掘井"，是不能从容应敌的。一个人的修省也应如此，应时时处处保持一致。不要认为一个人在深夜独处无人知晓时做些坏事，其实只能欺人于一时，却不能长久掩饰自己的劣行丑迹，一但事情败露就将永远难以做人。所以一个君子必须注意平时的磨炼、积累，才会临事有一定之规，做事有一定见识。

未雨绸缪，有备无患。当处于某个岗位时，除了要干好本职工作外，还应该仔细观察上一级领导为人处事的态度和方式，换位思考考虑自己会怎么做，差距在哪里，该怎么做，怎么做效果更好。久而久之，那么做人做事的方式自然会提高到一个高度，也就自然会被发现和认同。通过这种锻炼，一定会使思维得到开拓，既会从下看问题，也会从上看问题，全面、周到、客观地分析问题，及时、准确地解决问题，就为不断取得成功打下了坚实的基础。有人用"没吃过猪肉，还没看过猪跑"的反问式提醒，想说明通过观测，就可以体会到实质性的内容。其实看过猪跑还真不一定知道猪肉的味道！不经历风雨，怎么见彩虹？没有到一个岗位锻炼，很难有那个体会和感受。预则立，是要抱着谦卑的心态，提前去学习、去体会、去感悟，当机会来临时，能有一定的心理准备。

魏文王曾问名医扁鹊：你们家兄弟三人都精于医术，但哪一位最为高明呢？扁鹊回答说："大哥最好，二哥略逊，我最差。"文王又问："那么为什么你最出名呢？"扁鹊回答："我大哥治病，是治病于病情发作之前，人们只当自己没病，却不知是他事先铲除了病因；我二哥治病，是治于病情初起之时，所以人们都以为他只能治轻微的小病；而我治病是治病于病情严重之时，人们看到我在经脉上穿针放血，在皮肤上敷药动刀等手段，反倒以为我医术高明了。"事后控制不如事中控制,事中控制不如事前控制。隐患险于明火,防范胜于救灾。

预则立,不预则废,反映一个人工作的主动性,也可以从工作中的计划性中得到体现。一个人工作的主动性越高,越会提前谋划、做好计划。工作做得越细致,计划越超前,预见性越准确,说明把握各种工作的规律性和前瞻性越强。企业的预算管理就是一项很好的例证。

49. 小人趋利,君子取义

什么叫"君子"?什么叫"小人"?程子说:"君子之于义,犹小人之于利也。唯其深喻,是以笃好。"由此可知,能不为利所动,能够见利而先思义,便是君子;见利而忘义,抛弃人生原则,便是小人。

人世间有多少是君子,有多少是小人?大多数介于两者之间,应该是符合统计规律,符合正态分布的。

什么叫"义"?什么叫"利"?朱子说:"义者,天理之所宜;利者,人情之所欲。"

人生而平等、自由,有追求利益的权力,有获得幸福生活的权力。只要光明正大,依法行事,合情合理,就应该得到认同和尊重。君子爱财,取之有道。

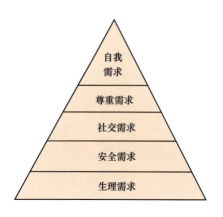

从人的本性来说，马斯洛的层次要求理论，反映了人性的一面，是员工激励理论的代表之一，也是现代企业进行人性化管理所遵从的法则。一般来说，某一层次的需要相对满足了，就会向高一层次发展，追求更高一层次的需要就成为驱使行为的动力。相应的，获得基本满足的需要就不再是一股激励力量。

个人需求的层次内容是由个人自己的价值观和世界观决定的。平凡的人同样具有尊重和自我实现的需求。这里自我实现需求的内容不是以社会普遍价值观为标准的，例如：成为所谓的"成功人士"。而是来自于个体自身的价值观，例如："老大的幸福"。所以，平凡人的自我实现是根据其自身的价值观定义的。而遵从世俗价值观的人，却没有办法用这种价值标准衡量出平凡人的自我实现。所以，这恰恰证明了自我实现是一个更高层级的需求，只有通过其个体的内在行为来满足，而非外在的条件。

冯友兰把各种生命活动范围归结为四等：本天然的"自然境界"；讲求实际利害的"功利境界"；"正其义，不谋其利"的"道德境界"；超越世俗，自同于大全的"天地境界"。

有人试图用历史上一些的理论和经验解决现今的问题，其实，历史是不可逆的，更不可能倒退。

利益点决定观点，屁股指挥脑袋。屁股坐在哪个利益点上，脑袋就会自然有哪种想法。所以看人先看利益点，看完利益点不用他说话就能知道他会怎么做。要改变一个人，先改变利益点，利益点一变，观点就会跟着变。要了解一个人，也是先看他的利益点，观点是会撒谎的，而利益点不会，一看就准。利益是一些人在团队中做的工作，表达观点主张是其最主要的驱动力。带小团队要看个人利益，带大团队要看利益集团。每个团队成员都有特殊的利益点，会在细枝末节中表现出来。干工作，首先要用利益来驱动人的观点和行为。

高明的领导知道各层次的需求，给低层次的人实惠，给高层次的人理想和荣誉，培育认同感。人的积极性来自于个人利益、实惠以及价值认同。

50. 不可逆——热力学第二定律

有些人试图用历史上一些的理论和经验解释现今的问题，其实，历史是不可逆的，更不可能倒退。古为今用，必须结合实际，并以最新的科学技术为手段，才能沿着相对正确的方向，做出相对正确的事情。

一个人，不会两次掉进同一条河里。长成的弯树，不能变直。洒落的水滴，不能收回。宇宙在膨胀，时间在流淌，失去的不会再回来，即使回来，也是变了原来的模样。

热力学第二定律，又称"熵增定律"，表明了在自然过程中，一个孤立系统的总混乱度（即"熵"）不会减小。

热力学第二定律是热力学的基本定律之一，是指热永远都只能由热处转到冷处（在自然状态下）。它是关于在有限空间和时间内，一切和热运动有关的物理、化学过程具有不可逆性的经验总结。自然界中任何形式的能都会很容易地变成热，而反过来热却不能在不产生其他影响的条件下完全变成其他形式的能，从而说明了这种转变在自然条件下也是不可逆的。一个不受外界影响的孤立系统，其内部自发的过程总是由几率小的状态向几率大的状态进行，从此可见热是不可能自发地变成功的。

第二定律指出：在自然界中任何的过程都不可能自动地复原，要使系统从终态回到初态必须借助外界的作用，由此可见，热力学系统所进行的不可逆过程的初态和终态之间有着重大的差异，这种差异决定了过程的方向。也就是说，

热流方向

在孤立系统内对可逆过程，系统的熵总保持不变；对不可逆过程，系统的熵总是增加的。这个规律叫做熵增加原理。这也是热力学第二定律的又一种表述。

熵的增加表示系统从几率小的状态向几率大的状态演变，也就是从比较有规则、有秩序的状态向更无规则、更无秩序的状态演变。熵体现了系统的统计性质。不可逆热力过程中熵总是随时间的流逝而非减（增加或不变），这称为熵的非减性。这也是物理学中三个基本时间方向中的一个。

热力学时间方向：宇宙中的熵（或者说无序度）总是随着时间的流逝而非减。另外两个基本时间方向分别是：心理学时间方向（人只能记忆过去，而非将来）、宇宙学时间方向（宇宙随着时间流逝不断膨胀）。

人们总是看到一个装满水的花瓶从桌上坠落砸碎，而不会看到支离破碎的陶片从地上聚拢起来飞跃到桌子上；人们可以把一盒整齐排列的火柴扔出去，散落成无序状态，却不可能一把抓起散乱的火柴扔出去变成整齐排列的火柴；打桌球时，人可以依靠一杆发球把整齐的球打散，却不可能一杆把全桌散乱的球打回整齐排列的状态。大量的事实证明：事情总是趋向于越来越乱、越来越糟的状态。在物理学中，这称之为宇宙中的熵（热能的变化量除以温度所得的商）总是随着时间的流逝而非减。

一个孤立系统，在跟外界无任何能量、资源、信息等交换的情况下，该系统的结构、能量始终处于耗散状态。下坡容易，上坡难。逆水行舟，不进则退。为了维持系统状态的稳定，就必须不断地补充能量、补充资源、补充信息。当补充的抵消不了消耗的时候，系统也会衰落下去，生命陨落，设备报废。

有一个故事，讲老人叫儿子在木板上钉钉子，然后再把它们一个个拔出来，这时看到木板上留下了一个个孔洞，孔洞无法再回到原状。以此告诫儿子多栽花少栽刺。这个故事所说钉子留下的孔洞不能弥合符合不可逆性。但得出的结论有待商榷，就如我们企业中的每个人都有被考核的经历，留下的深刻烙印会牢牢记住一样，可对于有悟性和知道感恩图报的人来说，留下的印记也许会成为发奋的动力和成功的源泉。企业管理中，考核是常态，但如何把钉钉子和栽刺变成让人接受而且还能激发出潜能的才是真正的高手。不可逆性针对的是孤立系统，对于有感悟性，创造性，能量、信息交换复杂性的人来说，可以使坏事变成好事。

51. 文化融合

文化就如流水，绵绵悠长，清浊浑厚，各有特色。两股河流相遇，泾渭分明。如果一条流量特别大，则小的很快就被淹没，融入其中了。如果旗鼓相当，则会有出现奔腾争流的景象。德国奔驰与克莱斯勒汽车公司合并后，相互不买账，难以走到一起，不欢而散。这样的文化融合不成功的例子举不胜举，归根结底都是文化

冲突、文化认同。而文化冲突说起来大的可以到国家之间、地域之间、宗教之间，而小的可以到省市之间、乡镇之间。如一个农村，交界处是一条小河，一边人把向日葵叫做"转脸"，另一边则叫"瓜子"。甚至小到人与人之间，各人家庭背景不同，性格不同、文化氛围不同、经受教育不同，对一件事、一个问题都会有不同的看法。严重的可能到"道不同，不相为谋""老死不相往来"的地步。

社会、企业也有这种现象。相互信任，彼此关心爱护，都是因为长期磨合、融合，建立了深厚友情、友谊。遇到新的团体，首先就会抱团取暖，共同拒"敌"。其次，都会认为自己的社会习惯是正确的、正统的、正常的，而其他的，不顺心、不顺手、不顺气。第三，会存在竞争，岗位、职务、级别都成了攀比和发牢骚的理由。

吉利收购沃尔沃无异于"蛇吞大象"，然而却成功了。李书福在收购过程中表现出了对对方相当的尊重，平息了担忧，赢得了本来充满敌意的对方的信赖和认可。精妙在于对中华民族文化认同的理解，不是把大象吞下，消化吸

收，而是继续让象自由地按照它的习惯行走。不同的地方只是不能任意前进了，而是跟着这条蛇，向蛇"利益"所在的方向前行，在采摘到高处的果子时，一起分享！

七擒孟获，擒贼先擒王，打破两股或多股势力的最好方法，就是找到关键的人。如果"王"能俯首称臣，则人心归一，同心同德。而如想长久地、自然地、流畅地运转，还需要用规范的制度和价值标准进行统一的约束推动。因势利导、目标管理、合作共赢、刚柔相济，可以促进加快融合的力度和速度。

从企业角度看，平等尊重，相互认同也是最重要的，只有这样才能"人心齐，泰山移""众人划桨开大船"。某电厂，一个班长书面提出辞职，领导接下后反复思考，是让班组里的技术员继任，还是换人换血呢？考虑到这个班是从其他部门新划过来的，很多地方不能适应新部门的要求。老班长就是因为不能适应，而主动提出退下来的，班组里的技术员也存在相同的观念，能做到更好吗？几乎不可能。于是物色人选，发现一个重情重义、善于交流、思维敏捷、敢作敢为、敢为人先的人才。为保证顺利交接，特意安排那个班长和想用的人去做一个工程项目，在一个小组一起工作，最终他俩成了好朋友。回来后，顺利完成了交接，并使这个班逐渐走上了正轨，取得了很好的成绩，得到了大家的肯定。文化的作用无处不在。以小看大，以大看小，都有共同的规律，那就是平等沟通，相互尊重，培养认同感。严于律己，宽以待人，文化融合会使企业更和谐，社会更稳定。

52. 拜佛

经常听到，某某领导拜佛、信佛。这不是简单的信仰问题，而是对权力所不能及的一种心理迷茫。牛顿说神最初推动了宇宙，结果被大爆炸理论所否定。但谁又能告诉我们最初的能量是哪里来的？

当一个人，身处一定的位置和高度时，会很寂寞和空虚。大有一览众山小，唯我独尊的感觉。有一种人，会不知天高地厚，张牙舞爪，肆意妄为，结果，迅速坠落，粉身碎骨。另一些人，跟着感觉，云里雾里，跌跌撞撞，蹒跚前行。还有一些人是高人指路，不犯错误，贵人相助，平步青云，永立潮头。

为什么那么大差距？信仰问题！天外有天，人外有人；当局者迷，旁观者清。人都不是全能的，到一定的位置不是你已经能完全胜任，而只是给了你学习的机会，给了你展示的舞台，能不能学好，能不能演好，得有老师评判，得有观众评说，得有高人指点。信仰老师，尊重观众，崇拜高人，需有所敬畏。

许多走到高官位置的人知道这些，

但一些浅显的理论，通俗的思想，甚至是世外高人，已经不能解决他的现实问题，不能带他走上更加辉煌的台阶。在无计可施时，感到绝望、无奈和迷茫。谁的力量最大？佛祖！谁能带他走出困境，上帝！信，就还有机会，还有余地，还有空间。佛祖会教你，度今生，修来世，心中有佛，阿弥陀佛，空空悟净，随风随雨随缘。心态决定境界！

信佛，有信仰，有敬畏之心。海边的人敬仰大海，供奉妈祖；山中的人畏惧高山，信奉山神；草原上的人，敬重狼，狼图腾。心态决定成功、决定高度、决定命运，甚至决定精神留存。

53. 悟性

神秀说：身是菩提树，心为明镜台。时时勤拂拭，勿使惹尘埃。是说，修行要时刻自省，时刻摒除心中的杂念。六祖慧能说：菩提本无树，明镜亦非台，本来无一物，何处惹尘埃。这是讲，万事皆空，不住于法，一事无成，万法俱了。结果五祖弘忍大师

把衣钵传给了六祖慧能。这可以反映出，两个人对悟性理解不同、境界不同。一个是渐悟，一个是顿悟；一个强调过程，一个体会状态。小乘佛教讲渐悟，讲修行，讲身体力行，甚至是苦行。大乘佛教提倡顿悟，拨云见日，玲珑剔透，遁入空门。

人生八苦：生、老、病、死；怨憎会，爱别离，求不得，五阴盛。所以，度今生，修来世成为佛门精神支柱。大乘佛教认为，修行不在于何地何时何种方式，而在于思想的境界，在于对世事的感悟。六祖不识字，只是个挑水的和尚，但他悟到了空门寂静，悟到了无极世界，结果得到了袈裟真传。说明，人的悟性不在于你怎么修行，不在于你怎么拂去尘埃，而是在各种行当中，领悟到真谛，灵光乍现，豁然开朗，通体透亮。世间万物，否极泰来，清澈混沌，无本清源。小隐隐于山，大隐隐于市。菩提树下可以开悟，挑水途中可以顿悟。三百六十行，行行都能悟出道道，悟出门道，悟出做人做事的精髓。看破红尘，悟出空灵，悟到佛缘。

悟性，就是你的心与无限量相吻合。为什么会有一个悟性呢？因为在无限量里，也就是心有一个相，有一个相就有一个限量，用这个相取代了无限量。好比一个物体在虚空里出现，原本这个物体也是虚空，如果这个物体不是虚空，为什么这个物体会归向虚空？所以，当一个物体停留在虚空里慢慢地就会变灭，这就叫悟。什么时候这个物体与虚空吻合了，这就叫吻合，所以悟性是吻合之意，以一个现象去吻合原本之处。

为什么有时候没有悟性？是因为在心
里，有物相出现，当用一个物相面对另一
个物相的时候，就会出现虚空状。出现虚
空状，就会出现无记状态。无记状态就是
佛法里的无明。就好像一个人发呆发木一
样，没有一点灵活性。这是物相作的怪。
假若我们心里没有物相，去面对一切物相，
就会出现一切物相皆是心，一个说话的依据、一个语言形成的现
象，一个逻辑形成的现象，这就是所谓的智。因为此时此刻一切
物相皆是本心上的一个作用。就好像生命支配身体一样灵活无碍。
生命比作本心，一切物相比作身体，假若生命要是由物相成立的，
就等于手抓手，物相抓物相，一定笨得不得了，悟性就是心无
杂念，认认真真地去想一件事，如果一心二用，聪明人也会变
笨的。所以，悟性关键在于是否去悟，如何悟。悟性高的人通
常都是将自己的体会和感受融合其中，获得属于自己的东西。

　　有一种人，置之死地而后生。如小布什曾酗酒不能自拔、奥巴
马曾吸毒坠落深渊。"浪子回头金不换！"这些人绝处重生，悟出生死，
大彻大悟，具备了可怕的毅力和坚强的信念，勇往直前，难能可贵。

　　有道是隐隐约约、犹抱琵琶半遮面的回眸，看透不说透、太
极八卦、点到为止的智慧，回归自然、朴实无华、淡雅无为的状态。
众里寻他千百度，蓦然回首，那人却在，灯火阑珊处。

　　从牙牙学语、自然生长，到开窍、懂得责任、主动努力，再

174

到顿悟、融会贯通、豁然开朗，最后到糊涂、返璞归真，也许就是生活本身所注定的命，老人说"一人头上一个露水珠子"。

54. 大道至简，知行合一

老子说：大象无形，大音希声，大道至简。最深奥的其实是最简单的。为人处世，首要学做人，然后才是学做事。大道至简是大道理（指基本原理、方法和规律），是极其简单的，简单到一两句话就能说明白。所谓"真传一句话，假传万卷书"。养由基射箭，卖油翁倒油，手熟罢了！

大道至简容易让人联想到博大精深。博大精深是广博和高深，多用来指思想、学术理论、学识、作品等。很多人认为，做学问，要博大精深。殊不知，一个人的精力是有限的，不可能无所不能、事事精通。所谓的博大精深，仅仅是相对的概念，甚至是还未领悟到人生真谛的一个混沌状态。真正的大家，往往是在某一方面某一领域达到很高层次后，突然发现，很多事，道不同，理相通，可以触类旁通，举一反三，闻一知十。大数学家华罗庚，后来专门从事科普教育，因为他知道，兴趣是最好的老师，感悟培养最大潜能。有些人喜欢把一门技术一门学问，弄得深奥、复杂，把简单的问题复杂化，那是没有看透实质、抓住关键。在搏击较量中，一招制敌是水平；医生一看，就准确诊断是水平。博大精深还不能认清实质、抓住关键。如果，自我制造，把问题搞得纷繁复杂、暗渡陈仓、浑水摸鱼，也是一种智慧。而如果，为学习而学习，为博大而博大，学习也会是一种病！

大道至简意味着"少而精"，博大精深意味着"多而广"，大道至简与博大精深既有矛盾，又相互统一。当博大精深到心灵顿悟，灵魂出窍，豁然开朗，就转化并升华成大道至简。博采众长，与其他专业融会贯通是一条大道，而要至简，还必须再提炼、整合、创新、开悟、顿悟。跳出原来的框框，去粗存精，去伪存真，抓住要害和根本，挥动奥卡姆剃刀，剔除那些无效的、可有可无的、非本质的东西，融合成少而精的东西。所谓："为学日增，为道日减。"唯名山才留仙住，是真传只说家常。

在当今，知识、信息井喷时期，知识全能论，甚嚣尘上，人人都是大学生，人人追求高学历，企业不是二本不要，总部不是硕士进不了。想想，周总理高中文凭，总理干得响当当。德国汽车那么好，都是大学生造的？"空谈误国，实干兴邦"，有知识固然重要，而干出成绩，干出成果，边学边干，边干边学，可能更能实现价值、创造奇迹。

"知是行的主意，行是知的功夫；知是行之始，行是知之成。只说一个知，已自有行在；只说一个行，已自有知在。"知行是一个工夫的两面，知中有行，行中有知，二者不能分离，也没有先后。与行相分离的知，不是真知，而是妄想；与知相分离的行，不是笃行，而是冥行。

知行合一是针对先知后行理论提出的，重在强调行的重要性。实践是检验真理的唯一标准，只有通过行的实践，才能把别人的知识真正变成自己的知识，甚至创造出新的知识。

看透了人性，看穿了本质，然后用行动去帮助世人开悟是传授、是布道。

55. 人生感悟

孔子说："吾十有五而志于学，三十而立，四十而不惑，五十而知天命，六十而耳顺，七十而随心所欲，不逾矩。"中国人很讲究到什么时候干什么事，也许就是孔子的思想吧。反观我们普通人的思想和行为，能够而立、不惑、知天命……一生反省、修炼的又有多少呢？不管怎样，还是希望去修行。修行：静心则专，静思则通，

定能生慧。学如逆水行舟，不进则退；心似平原走马，易放难收。

　　不同的年龄段会有不同的感悟，不同的人生经历也会有不同的理解。一个受人尊敬的人，除了会有显著的成就外，更被看重的可能是那种道法自然的状态。中国体育的很多明星，到达顶峰后，早早退役，除了有来自新生代的竞争和伤病外，另一个可能的原因，应该与功成名就、急流勇退，然后去颐养天年的传统文化有一定的关系。

虞美人·听雨

蒋捷（宋）

少年听雨歌楼上，

红烛昏罗帐。

壮年听雨客舟中，

江阔云低、断雁叫西风。

而今听雨僧庐下，

鬓已星星也。

悲欢离合总无情。

一任阶前、点滴到天明。

修身养性、自然飘逸是中国古代文人一种出世的顿悟，是中国传统文化的精髓，也是中国人追求的一种理想家园。老来，一杯清茶、一副象棋、一曲高歌、一幅字画，跳跳舞、钓钓鱼，带带孙子，打打麻将；早上"皮包水"，晚上"水包皮"。不然，总觉白来世上一回。

管理源于实践，讲求功效。从目标上讲，类似于"齐家、治国、平天下"，但为了这个目标，必须修身养德，正者有道，"内圣外王"。从方法和手段上，推崇"宽"、"猛"相济的策略。

从"实际"的观点看，似乎哲学无用，但哲学可以给我们一种观点。在《庄子·外物》篇中，把它称作"无用之用"，而正是从社会实践中提炼出的哲学观点，指点着我们管理的实践。

人如果懂得"不可知"是不可知的，对它就是有所领悟了。一个完整的形而上学体系应当从正的方法开始，而以负的方法告终。如果它不从正的开始，便缺少了对哲学来说最重要的明晰思考。而它若不以负的方法告终，便不可能登上哲学的高峰。在达到哲学的单纯之前，需先穿过复杂的哲学思辨丛林。人往往需要说很多话，然后才能归入潜默。从正的开始意味着人要经过从无知到有知，从知之甚少到知之甚多……在明晰思考中，悟出门道、悟出空灵，悟出"无知之知"。

后记

在推进管理提升的过程中，哲学思维和现代管理工具，可以使我们的知识认知过程中，更加饱满丰富；在体会和感悟的人、事、万物的过程中，更加清晰细微；在穿越时世、返璞归真中，更加坦然清澈。